모든 비즈니스는 마케팅이다

사업자와 마케터를 위한 마케팅 필수 교재

모든 비즈니스는 마케팅이다

김선율 지음

당신의 시간과 돈을 아껴줄 마케팅 입문서

매일경제신문사

프롤로그

　11년간 회사 소속의 마케팅 및 홍보 담당자의 커리어를 마무리하고, 3년간의 프리랜서 마케터이자 강사로 지내면서 다양한 사업주와 꿈나무 마케터를 만났다. 시국이 시국인지라 사업주는 스스로 온라인 마케팅을 배워서 해보길 원했다. 또한, 외부 활동이 제한되자 집에서도 할 수 있는 디지털 노마드 형태의 마케터가 되고 싶은 마케팅 꿈나무들도 많았다. 그런 분들에게 필자의 경험과 쉽게 익히는 브랜딩 · 마케팅에 관한 이야기를 하고 싶다.

　스펙터클한 외부 환경의 변화에 따라 마케팅 트렌드도 함께 변했다. 하지만 본질은 변하지 않는다는 것을 여전히 경험하고 있다. 고객이었던 입장에서 생산자가 되면 고객이었던 시절을 까맣게 잊고 내 제품이나 서비스에 매몰된 시각을 가지기 쉽다. 그래서 그 본질에 관한 이야기를 조금 더 쉽게 나누고 싶었다. 그 바람을 담아 다양한 사례와 예시를 바탕으로 책을 썼다.

개인적으로 시중에 나와 있는 브랜딩과 마케팅 관련 책을 많이 사서 읽어봤는데 크게 두 분류였다.

하나는, 반드시 필요하고 알아야 하는 본질적인 브랜딩 마케팅 이야기다. 이는 전공자이자 이 분야에서 10년 넘게 일을 한 필자로서는 읽으면서 이해가 되는 내용이었다. 하지만 사례가 대기업 위주라 대학교 전공교재를 일반서점에 맞게 편집해 판매하는 듯한 느낌이었다. 어려운 말은 아니었지만, 1인 기업이나 창업을 하려는 우리 동네 자영업 사업주들이 읽고 적용하기에는 어렵게 느껴질 수도 있을 듯했다.

또 하나는, 현실적인 실용서였다. 단순 노출과 숫자 늘리기 등을 어떻게 하는지에 대한 책들 말이다. 다양한 자영업 사업주들이나 마케터 꿈나무들이 이차적인 기술적 배움을 얻을 수 있는 책은 시중에 많다. 하지만 본질적인 브랜딩과 마케팅에 대해 쉽고 이해하고 내 사업에 바로 적용해볼 수 있는 수준의 책은 찾기 어렵다.

그래서 그런 책을 쓰고 싶었고, 썼다. 온전히 필자에게 SOS를 치던 분들을 위한 책 말이다. 전공자가 보기엔 너무 쉽다고 느낄 수도 있고, 최신 온라인 마케팅 기술을 원하는 분들에게는 전혀 적합하지 않은 책이 될 것이다.

분명히 말하지만, 이 책은 실용서가 아니다.
블로그 상위노출을 어떻게 하고, 인스타그램으로 수익 창출을 하는, 그런 이야기가 아니다.

브랜딩과 마케팅의 본질에 관한 이야기를 최대한 쉽고, 바로 적용할 수 있게 만든 본질적인 브랜딩 마케팅 책이다.

이제 막 사업을 시작하신 자영업 사업주, 내 브랜드를 만들고 싶은 예비 창업자, 학교에서 정식으로 배운 적은 없지만 마케터가 되고 싶은 꿈나무, 브랜딩이 뭐고 마케팅은 뭔지 개념을 명확히 하고 내 사업에 적용해보고 싶은 분에게는 분명히 도움이 될 것이다.

김선율

목 차

왜 내 제품은 안 팔릴까?

01

제품만 좋으면 다 팔리는 거 아닌가요?

"마케팅이란 무엇일까요?"

필자가 브랜딩이나 온라인 마케팅 강의를 할 때 강의를 듣는 사람들에게 가장 처음 하는 질문이다.

"제품 판매를 도와주는 거요!"

"홍보나 광고 같은 거 아닌가요?"

"제품을 더 많이 팔게 하는 활동이요."

어디를 가나 대부분 제품, 매출, 수익 등을 키워드로 마케팅을 정의한다. 마케팅이라고 하면 대부분의 사람은 제품이나 서비스를 먼저 떠올린다.

"제품만 좋으면 다 팔리는 거 아닌가요?"

사업주를 대상으로 브랜딩이나 온라인 마케팅 강의를 하러 가면 심심치 않게 들을 수 있는 질문이다. 정말 그렇게 생각하는가? 잘 한번 생각해보자.

우선, "제품만 좋으면 다 팔리는 거 아닌가요?"라는 질문을 던지기에 앞서 내 제품이나 서비스가 그런 질문을 할 정도의 '좋은' 퀄리티인지 객관적으로 평가해봐야 한다. 마케팅의 개념에 관해 설명하면서 아주 유용하게 설명을 할 수 있게 도와준 고마운 책 빌 비숍의 《핑크 펭귄》초반에는 이런 문구가 나온다.

'누구나 자신의 제품이나 서비스를 소개한다. 문제는 우리가 속한 업계의 다른 모든 펭귄도 자신의 제품과 서비스를 말한다는 점이다. 그러니 아무도 당신과 여타의 다른 펭귄을 구별하지 못한다.'

이 말에 전적으로 동의한다. 내 제품이 혹은 내 서비스가 완전히 새롭고, 누가 봐도 독보적인 제품이 맞느냐는 것이다. 제품과 서비스의 업그레이드만으로는 고객이 차이를 느낄 수 없기 때문이다. 공산품이나 제조상품을 판매하는 경우, 조금만 괜찮다 싶으면 금세 카피 제품이 더 저렴한 가격에 돌아다닌다.

농산물도 비슷한 처지다. 지역별 특산물이 있지만, 이 좁은 대한민국 땅덩어리에서 우리 농가만 유일하게 키워 판매할 수 있는 상품이란 것이 존재할 수 있을까?

쌀을 예로 들어보자. 우리나라에 쌀이 유명한 지역이 어디인가? 포털사이트에 쌀이라는 단어를 검색만 해봐도 수많은 쌀이 우리를 기다리고 있다. 경기도 이천, 전북 김제, 강원도 철원 등 학창 시절 교과서에서 배웠던 다양한 곡창지대가 있다. 그뿐만 아니라 각 지자체의 브랜드몰에 들어가 보면 충남 당진의 해나루 쌀, 충북 진천의 생거진천 추청 쌀, 전남 함평의 우렁 쌀 등 대한민국에 이렇게 쌀 생산지가 많았나 싶을 정도로 다양한 쌀들이 판매되고 있다. 자, 이제 고객 입장에서 다시 쌀을 생각해보자.

각 지역의 특산물인 쌀의 품질이나 맛이 브랜드나 지역에 따라 엄청난 차이를 가지고 있는가? 지역 차이를 논하기에 대한민국은 너무나 작고, 토양이나 일조량 등의 환경조건 또한 크게 다르지 않은 것이 사실이다. 그 때문에 약간의 공법이나 재배기술의 차이는 있을지 몰라도 쌀이라는 큰 키워드로 보자면, 고객의 입장에서는 '쌀이 쌀이지 뭐'라는 생각이 들 수밖에 없다.

이제 다시 왼쪽 가슴에 손을 얹고 자문해보자. 과연 내 제품이 진짜 핑크 펭귄이 맞는지 말이다. 누가 봐도 독보적이고 그 어디에도 경쟁상품이 없는 검은 펭귄들 사이에서 도드라지게 눈에 확 띄는 핑크 펭귄 말이다.

정말 내 사업에 도움이 되는 마케팅을 배우기 위해서는 내 상품 혹은 서비스를 그 누구보다 객관적인 눈으로 살펴볼 수 있어야 한다. 아무리 생각해봐도 내 제품이나 서비스가 핑크 펭귄이 아니라면 빨리 다른 전략을 세워야 하기 때문이다. 나를 핑크 펭귄으로 만들던지, 혹은 완전히 다른 방법으로 접근할 것인지 말이다.

너무 비관적인 이야기만 한 것 같으니 약간은 분위기를 환기해보자. 아무리 객관적으로 봐도 내 상품은 핑크 펭귄인데 싶은 독자들에게 질문을 던져본다. 정말 내 상품이 핑크 펭귄이고 이미 너무 잘 팔리고 있는가? 그렇다면 이 책을 덮어도 좋다.

사업주를 대상으로 강의할 때 이 이야기를 서두에 하면 꼭 한두 분은 이런 질문을 한다.

"강사님! 저희 상품은 진짜 너무 좋아요! 다른 제품들이랑 차원이 다릅니다! 생산하는 족족 다 팔리거든요!"

그럼 이렇게 질문을 되돌려준다.

"아 정말요? 그럼 오늘 여기 왜 오셨어요?"

목소리 높여 질문한 사업주는 갑자기 조용해진다.

좀 너무했나 싶어 다시 한번 살가운 질문을 던진다.

"대표님 제품명이나 사업체명이 어떻게 되나요? 제가 뭐라고 검색해야 나오죠?"

이 질문에 대한 대답은 거의 돌아오지 않는 경우가 많다. 어떨 땐 대답을 받고 직접 그 자리에서 검색해보는 열정을 보이지만, 포털에서 제대로 된 정보를 발견한 경우는 매우 드물다.

정말 내 제품이 핑크 펭귄이 맞는다면 내 제품명이나 사업체명으로 포털에 검색해봤을 때 결과가 나와야 한다. 말 그대로 나를, 내 제품을 찾고자 하는 사람이 닿을 수 있는 곳에 내가 있어야 한다는 것이다. 있을 곳에 제대로 있지 않고 내 제품이 아무리 좋다고 외쳐봤자 그것은 공허한 울림일 뿐이며 세상은 내가 존재하는지조차 모르고 있기 때문이다.

내 제품이 진짜 좋다면 나 혹은 내 제품이나 서비스를 검색했을 때 나 이외의 경쟁자는 없어야 함은 물론이거니와 내가 진짜 어떻게 좋은지, 나를 왜 살 수밖에 없는지에 대한 당위성을 줘야 한다. 결국 나를 검색한 잠정 고객이 계속 클릭을 해서 구매 버튼을 클릭할 때까지 나를 사지 않고는 못 배길 정도로 제품이 좋음을 고객이 명확하게 느껴야 한다. 여기서 중요한 것은 내가 느끼는 것이 아닌, 나를 선택할지도 모르는 잠정 고객이 느껴야 한다는 것이다.

요즘의 고객들은 물건 하나를 살 때도 허투루 구매하지 않는다. 즉, 모두가 스스로 현명한 소비자라고 생각하기 때문이다. 뭐 하나를 살 때도 일일이 검색해보고, 비교해보고, 검색도 한 군데서만 하는 것이 아니라 소셜네트워크 플랫폼(이하, SNS), 포털사이트, 동영상 플랫폼 등 다양한 채널을 통해 검색하고 정보를 수집한다. 그렇게 열심히 손품을 판 데이터를 나름 종합적으로 모으고 분석해 최적의 선택을 하곤 한다.

그렇다면 핑크 펭귄인 당신, 당신의 제품명이나 사업체명을 고객의 입장에서 검색해보라. 앞에서 언급한 대로 정말 내가 핑크 펭귄이 맞으며 고객이 나를 선택할 수밖에 없는 독보적인 이유를 찾을 수 있는지 말이다. 실제로 그렇다면 정말로 이 책을 덮어도 좋다. 당신은 이미 마케팅이 잘되어 있고, 하던 대로 잘 유지만 하면 계속 더 잘될 것이니 말이다.

양심에 손을 얹고 객관적으로 내가 핑크 펭귄보다는 검은 펭귄 무리의 펭귄 같이 느껴진다면 이 책을 끝까지 잘 읽어보기 바란다. 이미 유명하고 브랜딩과 마케팅이 빵빵한 대기업의 마케팅에 관해서 이야기하려는 것이 아니다. 11년간의 마케터 생활을 그만두고 정글 같은 세상에 나와 다양한 크고 작은 생산자이자 사업주를 만나면서 주고받은 많은 인사이트 중에 가장 핵심이 되고, 실질적인 경영에 있어 도움이 될 수 있는 브랜딩과 마케팅에 관해 이야기하려고 한다.

아무리 좋은 제품을 가지고 있더라도 고객이 찾지 않으면 아무런 가치가 없는 물건이 되고 만다. 여기서 고객이 찾는다는 것은 고객에 의해 발견되어야 한다는 것이다. 내 제품이 고객에게 잘 발견되고 발견한 고객이 나를 결국엔 선택하게 만들기 위해서 나는 어떻게 해야 할까?

내 제품이나 서비스가 필요한 잠정 고객에게, 마침 내 제품이 발견되어 고객에게 선택을 받게 만들어야 한다. 내가 일일이 모든 고객을 찾아다닐 수 없다면 고객이 나를 찾아서 발견하게 만들어야 하는 것이 내가 해야 할 역할이다.

"솔직히 생각해보니 제 제품은 핑크 펭귄이 아닌 것 같은데 그렇다면 어떻게 해야 하나요?"

그렇다면 이 책을 끝까지 잘 읽어보기 바란다. 이 땅의 수많은 비슷한 상품이나 서비스를 판매하고 있는 자영업자나 사업주분들의 시간과 돈을 아껴주는 브랜딩과 마케팅에 대해 차근차근 이야기해보려고 한다.

이 책을 읽는 독자분들께 묻고 싶다.
"그래서 여러분은 어떤 비즈니스를 하시나요? 정말 제품만 좋으면 다 팔린다고 생각하나요?"

02

당신은 지금 무엇을 팔고 있는가?

다시 한번 묻고 싶다. "마케팅이란 무엇일까요?"

필자는 '고객의 문제를 해결해주는 것'이라고 정의하고 싶다. 여기서 '고객'이란 대한민국 국민 모두를 지칭하는 것이 아니다. 물론 사업주의 마음은 대한민국 국민 모두를 내 고객으로 만들고 싶고 내 제품이나 서비스를 구매해줬으면 하는 마음을 모두 가지고 있다. 그렇지만 현실적으로 그렇지 못하다는 것 또한 우리는 잘 알고 있다.

우리는 '고객'을 명확히 정해야 한다. 단순히 '고객'이라고 뭉뚱그려서 표현하지 말고 정확히 누구인지 명확히 정의해줘야 한다. 실제로 내가 '고객'이라고 설정한 그 고객이 느꼈을 때 '아! 어떻게 나를 알았지? 나한테 하는 말 아니야?'라고 여길 수 있어야 진짜 고객이라고 할 수 있다.

이것이 타깃팅(Targeting)이다. 사업주가 '내 고객은 정확하게 어떤 특징을 가진 어떤 연령대의 어떤 직업을 가지고 있으면서 직업이 어떻고 성격이 어떤 사람이다'라고 정의할 수 있을 정도로 최대한 구체적이어야 한다. 뾰족하면 뾰족할수록 더 좋다. 이렇게까지 좁혀도 되나 싶을 정도로 좁혀야 한다.

제주도에서 육지로 현미 가래떡을 파는 업체가 있다. 이 업체의 공식 인스타그램 프로필 설명의 첫 줄에는 이렇게 쓰여 있다.

'아토피가 심한 내 아이를 위해 아빠가 직접 만든 먹거리'

이 한 줄로 이 업체의 고객은 완전히 좁혀졌다. 바로, 아토피가 있는 아이를 둔 부모다. 사실, 이 떡은 아토피가 있는 아이뿐만 아니라 그 어떤 사람도 먹을 수 있다. 하지만 아토피가 심한 내 아이를 위해 아빠가 직접 만들었다는 고객의 구체화를 통해 브랜드의 정체성을 한 번 더 분명히 했고, 얼마나 정성 들여 건강하게 만들었는지를 한 문장으로 나타내고 있다.

이 브랜드의 고객이 꼭 아토피가 심한 아이를 둔 부모만일까? 합성첨가물이나 방부제 등이 든 음식을 잘 먹지 못하는 아이를 위해 그런 것들을 빼고 만들었다는 브랜드 스토리를 읽게 된다면, 우리 아이에게 아토피가 없어도 좋은 것만 먹이고 싶은 부모의 마음으로 구매하게 될 것이다. 또한, 본인이 좀 더 깨끗하게 믿고 먹을 수 있는 먹거리를 찾는 사람이라면 이 제품을 구매하게 될 것이다.

고객을 좁힌다고 꼭 그 고객층만이 내 고객으로 좁혀진다고 걱정할 필요가 없다. 오히려 메시지가 선명해지고 전문성을 더 드러낼 수 있으므로 고객층은 자연스럽게 확장될 수 있다. 사업을 시작하는 단계라면 고객 타깃팅은 무조건 최대한 좁게 해야 한다.

다음은 문제(Pain Point)에 대한 인식이다. 내가 타깃팅한 '나만의 고객이 정확히 어떤 문제를 가지고 있는가?'에 대해 정확히 알고 정의해야 한다는 것이다. 그저 흔히 말하는 고객 만족이 아니라, 말 그대로 고객이 자기 스스로 해결할 수 없어 외부의 힘을 빌려서라도 꼭 해결하고자 하는 그런 구체적이고 명확한 문제 말이다. 이 문제 또한 정확히 인식하고 정의되어 있어야 사업주는 소위 '해결'이라는 것을 해줄 수 있기 때문이다.

앞서 언급한 업체 이야기를 좀 더 해보자면, 대표의 아이가 신생아 때부터 태열과 신생아 여드름이 있었고, 100일경 시작한 아토피가 전신으로 퍼져 먹을 때 빼고는 늘 울었다고 한다. 그래서 오로지 아이가 고통 없이 잘 먹을 수 있는 방법을 외부에서 찾아 헤맸지만 실제로 안전한 먹거리를 찾기가 너무 힘들었다. 그래서 결국 내 아이가 고통 없이 안심하고 먹을 수 있는 먹거리를 만들었고, 그것이 곧 제품이 되어 판매를 시작하게 됐다.

여기서 문제는 내 아이가 가지고 있는 아토피와 그로 인한 고통이었다. 부모의 마음으로 그 문제를 해결하기 위해 만든 제품이라면 비슷한 상황을 겪고 있는 부모들의 가슴에 확 와닿게 되지 않을까?

실제로 이 대표의 아이가 아토피가 있는지 아닌지, 그 아이가 이미 성인이 되어 더 이상 이런 깨끗한 먹거리가 필요하지 않은지는 전혀 중요하지가 않다. 이 업체가 정한 고객층과 그 고객이 가진 문제를 정확히 인식하고 진심을 다해 해결하려고 했다는 스토리가 고객에게 전달될 뿐이다.

일반적으로 필자가 내린 마케팅의 정의를 많은 사업주에게 좀 더 와닿을 수 있는 문장으로 풀어보자면, **'고객'의 '문제'를 '상품이나 서비스로' 해결해주는 것**이라고 설명할 수 있다. 고객의 문제를 '상품이나 서비스'로 해결해주기 위해서는 그 '상품이나 서비스'가 누가 봐도 독보적으로 뛰어난 상품이거나 서비스여야 한다.

즉, '내 고객'이 가지고 있는 '그 문제를' 과연 '내 상품이나 서비스만으로' 해결해줄 수 있느냐를 객관적으로 평가해봐야 한다는 것이다. 아무리 객관적으로 생각해봐도 그렇다면 그런 사업주는 당당하게 '내 제품이나 서비스'의 독보적이며 차별화된 장점을 중심으로 고객에게 어필하면 조금은 쉽게 갈 수 있을 것이다.

앞서 사례를 든 현미 가래떡 업체의 경우 대한민국에 비슷한 스펙의 현미 가래떡을 판매하는 업체가 이곳 하나뿐일까? 결코, 아니다. 국내 최대 포털사이트에 '무첨가 현미 가래떡'이라고 검색해보면 쇼핑 영역에 무려 3,000개가 넘는 상품들이 진열되어 있다. 결국, 내 제품 그 자체만을 강조해 판매하고자 한다면 이 업체 역시여타 비슷한 제품을 판매하는 다른 검은 펭귄과 다를 바가 없다는것이다.

같은 이야기지만 조금 다른 시각으로 접근해보자.

이 현미 가래떡집은 현미 가래떡 그 자체를 판 것이 아니라 '아토피가 심한 내 아이를 위해 아빠가 직접 만든 먹거리'라는 스토리를판매하고 있다. 온라인상에 수많은 떡집이 있지만, 대부분 내가 만든 떡 그 자체를 강조한다. 다시 한번 말하지만 떡 그 자체는 이미수많은 경쟁자가 있고 그 떡만으로는 고객의 문제를 해결해줄 수없다. 이에 이 현미 가래떡집은 내 아이를 위해 아빠가 직접 정성으로 만든 무첨가 현미 가래떡이라는 스토리를 판매함으로써 부모가아이를 생각하는 마음을 강조했고, 그 스토리가 고객의 마음을 움직이게 되는 것이다.

따라서 필자는 앞서 언급한 마케팅에 대한 정의를 '고객의 문제를 상품이나 서비스로 해결해주는 것'이 아닌 **'고객의 문제를 스토리로 해결해주는 것'**이라고 정리하고자 한다.

고객을 정할 때는 절대적 다수를 고객으로 삼고 싶은 마음을 한편에 잘 접어놓고, 공감을 바탕으로 한 고객의 '캐릭터'와 '세계관'

을 설정해줘야 한다. 그 캐릭터와 세계관은 억지스럽지 않으면서 사업주 스스로가 장기적으로 지속할 수 있는 나만의 스토리를 담아야 한다. 이 과정에서 더욱 특별하게 하고 싶어 무리한 거짓으로 스토리를 만들어내는 일도 있다. 하지만 그랬을 경우 사업주조차 스스로 같은 스토리를 장기적으로 유지하기가 쉽지 않다. 사소한 거짓말이 길어질수록 그 거짓말을 포장하기 위한 또 다른 거짓이 필요하게 되기 때문이다. 내 사업을 아주 단기간만 유지할 것이 아니라면 진실에 바탕을 둔 스토리가 되어야 할 것이다.

　마케팅의 관점 자체를 상품에 포커스를 두고 생각하기 시작하면 고객을 구체화하기 쉽지 않다. 그래서 시선을 내 상품이나 서비스가 아닌 고객으로 옮겨야 한다. 제품이나 서비스를 어떻게 팔 것인가를 생각하기 전에 가장 먼저 해야 할 것은 누구에게 팔 것인가를 생각하는 것이다. 고객을 정하는 단계가 선행되지 않으면 다음 단계로 나아가기가 쉽지 않다. 즉, 구체적이며 사업주가 제공하고자 하는 가치에 공감할 수 있는 고객층이어야 하며, 이 고객층은 대한민국 모두를 대상으로 하는 것이 아닌 특별한 나만의 고객층이어야 한다. 내가 타깃팅한 고객층은 구체적이면 구체적일수록 좋다.

　구체적으로 정한 나만의 특별한 소수의 고객이 현재 가지고 있는 문제가 무엇인지 고민하고, 그 문제를 내가 가진 스토리로 해결해주는 것을 고민하자. 고객과 문제가 명확히 정의되지 않은 상태에서는 그 누구도 만족시킬 수 없을뿐더러 아무런 감동도 감흥도 없다. 내 물건이나 상품으로 내 고객이 가진 문제를 해결해주기에는 경쟁자보다 크게 나은 점이 없다는 것을 스스로 인정하고, 제품의 퀄리티를 뛰어넘을 수 있는 나만의 가치 스토리로 고객의 문제를 해결해줘야 한다. 그 스토리에 공감을 하는 고객이 결국엔 내 물건이나 서비스를 구매하게 될 것이다.

내 물건이나 서비스를 팔려고 하지 말고 내 고객이 가진 문제를 해결해주는 스토리를 팔아보자. 당신은 지금 무엇을 팔고 있는가?

03

사업이 먼저인가? 마케팅이 먼저인가?

"매장 장사가 잘되고 있었기 때문에 마케팅할 생각이 없었어요. 그런데 코로나가 길어지면서 오프라인 손님이 끊기고, 부랴부랴 마케팅하려고 하는데 어디서부터 어떻게 해야 할지 전혀 모르겠더라고요."

2020년 봄에 진행했던 울산의 비만 및 문제성 피부관리 전문 에스테틱의 온라인 마케팅 컨설팅을 진행할 때 대표님이 하신 말이다. 이 업체는 무려 16년 동안 울산 번화가의 큰 마트에 입점해 있어 입소문이 나 있는 전문 에스테틱이었다. 실력이나 퀄리티, 심지어 가격까지 뛰어나서 평소에 예약이 힘들 정도로 잘되던 곳이라 마케팅을 전혀 하지 않고도 장사가 잘 되던 곳, 소위 망하려야 망할 수 없는 곳이었다. 하지만 전 세계적으로 불어닥친 코로나19가 장기화하면서 기존 손님들의 발길이 뚝 끊기고, 뒤늦게 신규 고객 창출을 위한 마케팅을 해보려고 했으나 아무것도 준비되어 있지 않고 막막해서 컨설팅을 의뢰한 케이스였다.

그 누구도 예상할 수 없었던 코로나19가 길어지면서, 특히 오프라인을 중심으로 사업해오던 자영업자분들의 절규가 고통스럽게 들려오던 시기여서 기억에 오래 남은 업체였다.

대부분의 자영업 사업주들은 사업을 시작할 때 안정화하기 위해 고군분투한다. 이때는 사업의 세팅과 안정화에만 몰두하게 되는 시기다. 더욱이 새로 시작하는 사업에 투자한 자금이 있으므로 하나하나가 예민한 시기이기도 하다.

힘겨운 초기의 세팅 시기를 거쳐 어느 정도 안정화가 되면, 투자금 회수를 위한 사업 운영에 초점을 맞추게 된다. 하루 매출이 그 무엇보다 중요하고 온 신경이 매출에 쏠리다 보니 매일 예민하고 피곤한 상태가 된다. 당연히 마케팅의 '미음'도 떠오르지 않는 시기다.

각고의 노력 시기를 거쳐 초기와 같은 큰 노력과 정성을 들이지 않아도 안정적인 매출이 나오게 되면, 이제 안정적인 수입에 즐거워하며 그동안 힘들었던 시기를 약간은 보상받고 싶은 마음에 느슨한 사업 운영을 하게 된다. 그러면서 또 다른 사업체로의 확장을 생각하는 시기가 되곤 한다. 물론 이 모든 흐름은 앞에서 언급한 사이클이 안정적으로 이뤄진 사업체를 전제로 한다.

컨설팅을 의뢰해온 사업주의 사업이 그랬다. 정말 걱정 없이 16년을 탄탄하게 운영해오고 있었고, 더욱이 이미 손님이 넘쳐나는 상황이라 따로 신규 고객 유치를 위한 마케팅의 필요성조차 전혀 느끼지 못하고 있었다. 더군다나 흔히 마케팅이라고 하면 많은 사람이 돈을 쓰는 것으로 생각하기 때문에 선뜻 마케팅해야겠다는 생각을 하지 않을뿐더러 굉장히 보수적으로 생각하는 경향이 있다.

별다른 마케팅 없이도 사업이 계속 잘 운영되어왔던 것처럼 계속 유지됐다면 컨설팅을 요청할 일도 없었을 것이다. 하지만 2019년에 시작된 전 세계적인 악재는 많은 것을 바꿔 놓았다. 유대감과 직접 함께 몸으로 부딪쳐 관계를 맺는 특성이 더욱 진한 대한민국 사회는 이전에 듣지도 보지도 못한 '사회적 거리 두기'가 일상에 파고들었다.

학생들은 학교로 등교하는 대신 컴퓨터 앞으로 등교해 선생님과 친구들을 만나고 수업을 듣는 온라인 화상 수업이 일상이 됐다. 직장인들 또한 예외가 아닌데, 같은 건물 혹은 회사 내에 확진자가 나왔거나 동선이 겹치기라도 하면 회사로 출근하는 대신 집 안에서 노트북 앞으로 1초 만에 출근한 뒤 업무를 하는 재택근무가 더 이상 먼 나라 이야기가 아닌 우리의 이야기가 됐다. 처음에는 당황스럽기만 하던 온라인 화상회의 프로그램이 고유명사가 되고, 코미디 프로그램에서 소재로 다룰 정도로 일상에서 필수가 됐다.

많은 사람이 운집해야 하는 형태의 다양한 오프라인 베이스의 비즈니스 업계들—뮤지컬, 연극, 콘서트 등—도 초반에는 급격한 셧다운 형태의 지침으로 인해 패닉 상태로 얼어붙었다. 하지만 주어진 환경에서 다시금 돌파구를 찾아 새로운 포맷으로 사람들을 모으고 만날 뿐 아니라 한정된 지역이어서 불가능했던 일들이 온라인의 바람을 타고 오히려 시공간의 제약을 넘어선 확장을 시도하고 있다.

오프라인이 아니면 아예 죽을 것 같던 사업들도 결국에는 온라인 세상으로 들어와 더 큰 세상을 이뤘으며, 우리의 삶에 더욱 깊숙이 파고들어 진화하고 있다. 이 모든 것이 불과 1년도 안 되는 시간 안에 빠르다는 표현을 넘어 초스피드로 우리의 삶에 자리 잡았고, 우리 또한 피할 수 없는 상황에 결국에는 잘 적응했다.

이 미친 속도의 적응력과 대응력은 과연 우연이었을까? 단지 대한민국이 IT 강국이라서 그런 것이었을까? 비대면 팬미팅, 온라인 콘서트, 랜선 회식, 줌 소개팅, 메타버스 선거 유세 등 단어도 생소했던 모든 단어에 모두가 익숙해질 수 있었던 것은 대한민국이 그만큼 준비가 되어 있었기 때문이다.

좁은 땅이지만 전국 방방곡곡 초고속 광케이블 인터넷이 닿지 않는 곳이 없을 정도로 IT 인프라가 그 어느 나라보다 훌륭하게 갖춰져 있고, 전 세계적으로 빠른 배송체계와 잘 정비된 도로가 있으며, 스마트폰, 컴퓨터, 노트북 등의 보급률 또한 상당히 높아져 있었다. 사회와 환경에 아무런 문제가 없고 잘 돌아갈 때부터 대한민국은 이미 그 이상의 IT 인프라 준비가 되어 있었고, 그랬기 때문에 이러한 예기치 못한 상황이 벌어졌음에도 불구하고 발 빠르게 대처하고 적응해 나갈 수 있었던 것은 부정할 수 없는 사실이다.

예고 없이 찾아온 급변한 환경에 가장 당황했을 사람들은 오프라인 매장을 중심으로 운영하는 자영업 사업주들이었을 것이다. 거리에는 사람이 급격하게 줄었고, 영업시간을 제한당했으며, 심지어 한 공간에 있는 인원까지 제한해야 하는 환경이 됐다. 상황이 이렇다 보니 필연적으로 오프라인을 베이스로 한 사업의 매출은 갑자기 기하급수적으로 줄어들 수밖에 없었고, 동시에 살아남을 수 있는 돌파구를 찾아야만 했다.

그것이 바로 고객을 온라인과 비대면으로 모아야 하는 일이다. 실제로 2018년에서 2021년까지 오프라인 매장의 매출이 급격히 줄어들고 온라인 모바일 쇼핑몰의 매출이 크게 상승한 것은 데이터로도 뚜렷하게 나타난 결과지만 체감적으로도 전혀 놀라운 일이 아니다. 이러한 상황에 오히려 웃은 사람은 누구였을까?

바로, 준비된 사업주들이었다.

오프라인 매장을 중심으로 사업을 해왔음에도 불구하고 온라인 마케팅 씨앗을 미리 뿌려놓고 차근차근 키워나가고 있던 자영업 사업주들은 아마도 더욱 빠르게 이 위기를 헤쳐나갈 수 있었을 것이다.

이와 반대로 오프라인 매장에만 모든 것을 걸어 운영하던 사업주는 그야말로 멘붕에 빠져 어찌할 바를 모르고 발만 동동 구르고 있는 자신을 발견하게 됐을지도 모른다. 울산의 16년 차 베테랑 에스테틱 대표님뿐 아니라 우리 집 바로 옆에 있는 오래된 식당도 마찬가지였을 것이다. 처음에는 조금만 버티면 원래대로 돌아갈 것 같은 마음에 그저 버티는 것 말고는 아무것도 할 수 없다는 심경으로 버텨보기도 했겠지만, 벌써 3년째에 접어들고 있는 이 상황에 우리는 결코 원래대로 돌아갈 수 없다는 것을 그 누구보다 잘 알고 있다.

우리의 삶이 원래대로 돌아갈 수 없다면 모든 것을 포기할 것인가? 아니다.

우리는 돌파구를 찾아야 하고, 살아내야 한다. 지금까지 아무것도 하지 않았다면 지금부터라도 마케팅을 시작해야 한다. 누군가가 사업이 먼저인지 마케팅이 먼저인지 사업 초반이나 사업 시작 전에 물어본다면 감히 마케팅을 먼저 하라고 말하고 싶다.

단순히 마케팅을 먼저 하라는 것이 아니라 탄탄한 브랜딩을 토대로 한 필수적인 마케팅을 탄탄하게 다져놓고 사업을 시작해도 늦지 않다고 말하고 싶다.

"저는 이미 사업을 시작했고 마케팅을 하기에 너무 늦은 건가요?"라고 묻는다면? 할까 말까 고민할 시간에 하라고 말하고 싶다. 고민은 시간만 늦출 뿐, 마케팅하는 것에 너무 늦은 시기는 내일 하는 것이다. 지금보다 빠른 시기는 없으며, 내일보다는 오늘 지금 당장 시작하는 것이 가장 빠른 것이니 당장 시작하라!

04

지금처럼 해서는 절대 팔리지 않는다

대부분의 사업주는 이런 문제를 고민한다. '매출은 얼마나 키워야 하지?', '하루에 회전율은 얼마나 되어야 하지?', '인스타그램 팔로워는 몇 명이나 늘려야 되지?', '상위 노출은 어떻게 하는 거지?' 이들은 그저 사업을 더 크게 키우기 위해 호들갑을 떨며 너무 많은 시간을 투자한다.

국세청에 사업자등록을 하고 나면 어떻게 알았는지 마케팅 대행사의 전화를 심심치 않게 받게 된다. 인스타그램 팔로워를 무료로 올려준다든지, 네이버 키워드 상위 노출을 무료로 진행해주겠다는 등의 아주 친절하면서도 솔깃한 제안을 해온다.

이 업계에 몸담고 있는 필자는 필요 없다며 전화를 끊어버리지만, 컨설팅 때문에 많은 자영업 사업주분들을 만나보면 단순히 전화를 받고 끊는 수준을 넘어 실제 이용해본 분들도 꽤 많았다. 그래서 효과가 있었냐고 물어보면 하나같이 고개를 절레절레 흔들던 것도 희한하게 비슷했다.

자영업 사업주분들을 대상으로 온라인 마케팅 강의를 할 때 초반에 받는 질문들 또한 크게 결이 다르지 않다. "상위 노출은 어떻게 하나요?", "블로그 방문자 수는 어떻게 올리나요?", "인스타그램 팔로워는 어떻게 늘리나요?"

그 질문을 받으면 필자는 또다시 질문을 되돌려준다. "상위 노출되면 매출이 확실히 올라가나요?", "블로그 방문자 수가 많고 인스타그램 팔로워가 많기만 하면 내 매출에 도움이 되나요?" 그러면 또다시 강의장은 조용해진다.

인터넷이 지금처럼 발전되지 않고, 모두가 스마트폰을 들고 다니지 않던 과거에는 심심치 않게 통했던 방법이었음에 틀림이 없다. 하지만 요즘의 소비자는 단순한 팔로워 숫자나 상위 노출 결과에 더 이상 속지 않는다.

'상위 노출은 돈 주고 하는 것이다'라는 인식이 강해졌고, '상위 노출은 곧 광고다'라는 생각 때문에 아무리 최상단에 뜨는 결과라도 무조건 클릭하지 않는 현명함을 갖춘 소비자들이기 때문이다. 더군다나 혹시나 상위 노출을 통해 내 블로그에 들어온다고 하더라도 그 소비자가 진짜 내 고객이 되어 구매를 할 확률은 얼마나 될까?

인스타그램도 마찬가지다. 팔로워가 아무리 많아도 그 팔로워가 돈 주고 산 팔로워라면 그 많은 팔로워가 과연 내 매출에 도움이 될까? 팔로워가 몇만인데 실제 피드의 좋아요가 10개도 안 된다면 누가 봐도 이 계정은 정상적이지 않고 팔로워를 구매한 계정이라는 것을 알 수 있다.

그런 브랜드에 과연 소비자가 신뢰를 할 수 있을까? 그 브랜드가 궁금하고 더 알고 싶을까? 필자 또한 소비자의 입장에서 생각해 보면 조심스럽게 아니라고 말하고 싶다. 정말 내 고객이 될 수 있는 잠정 고객이 내 블로그 글을 보거나 내 계정을 팔로우하는 것이 아니라면 남들이 '우와' 할 만한 숫자도 정작 내 사업에는 아무런 도움이 되지 않는 허수에 불과하다.

필자는 최근 4년 차 중견 스타트업의 온라인 마케팅 컨설팅과 SNS 운영대행 프로젝트를 맡았다. 이 업체는 이미 기존에 오랜 기간 협력관계를 유지하는 마케팅 광고대행사가 있었고, 매월 약 8,000만 원의 막대한 마케팅 광고비용을 사용하고 있었다. 모바일 중심의 홈페이지와 그 홈페이지 노출을 위한 페이스북 광고를 중심으로 마케팅 비용을 사용하고 있었는데, 그 평가 지표는 단순 매출

수치였으며, 보고서 그래프를 우상향으로 만들기 위한 막대한 광고비가 매달 투입되고 있었다.

회사 내부에 마케팅팀이 따로 없어 전적으로 외부 대행사에 마케팅에 관한 모든 것을 위임해놓은 터라 매출이 느는 만큼 마케팅비도 함께 늘어갔고, 이 브랜드의 브랜드 자산으로 남는 것은 거의 없었다.

처음 컨설팅 의뢰를 받고 회사를 검색해보니 정말 아무것도 나오는 게 없었다. 홈페이지가 겨우 나오긴 했으나, PC로 접속했음에도 불구하고 모바일 스타일의 홈페이지가 나왔으며, 그 홈페이지 외의 공식 SNS 채널—블로그, 인스타그램, 페이스북, 카카오 채널 등—로의 연결은 겨우 찾아 들어갈 수 있을 정도였다. 힘들게 찾아 들어간 계정에서도 이 회사가 무엇을 하는 회사인지, 지금 영업을 잘하는 곳인지, 믿을 수 있는 곳인지 등에 대한 의문점을 해결해줄 콘텐츠는 하나도 없었다. 계정은 대부분 지난 5월에서 멈춰 있었으며, 그 이전의 콘텐츠에서도 쓸 만한 정보는 하나도 찾을 수 없었다.

도대체 온라인 마케팅비를 한 달에 8,000만 원이나 쓰고 있다고 들었는데, 과연 그 돈을 어디에 어떻게 쓰고 있는 걸까 하는 의문이 강하게 들었다. 이 스타트업에서 필자에게 컨설팅 의뢰를 한 이유는 필자가 잠정 소비자로서 이 회사를 직접 검색해본 후 찝찝하게 남은 의문의 맥락과 크게 다르지 않았다.

내부에서도 그 부분에 대한 필요성을 느끼고 있기는 했으나 양적인 팽창에 사력을 다하다 보니 이 부분에는 신경을 쓰지 못하고 있었노라고 했다. 이제는 더 이상 미룰 수 없어 기존 마케팅 대행사에 문의했으나 여전히 터무니없는 가격과 전략에 실망하고 필자에게 문의가 온 케이스였다.

이러한 문제는 비단, 이 스타트업만의 문제가 아니다. 대부분의 초보 자영업자 사업주들 또한 마케팅 예산만 다를 뿐 비슷한 비용을 지불하고 결국에는 내 브랜드 자산으로 아무것도 남지 않는 잘못됐지만, 일반적인 마케팅을 경험하곤 한다. 더 나아가 내 브랜드에 뭔가 남는 게 없는 것 같아 지속적으로 마케팅을 하고자 하지만 여전히 외부의 도움이 아니면 아무것도 못 하는 상태가 되어 이러지도 못하고 저러지도 못하는 상태가 되어버린다.

비용을 들여 상위 노출을 키워드 광고로 진행하게 되면 사람들이 많이 검색해보는 키워드일수록 단가가 높다. 또한, 매출 대비 광고 비용이 나가는 것이 아니라 클릭당 비용이 나가는 것이기 때문에 구매 전환이 되지 않으면 효과가 제로인 상품이다. 검색량이 많아 경쟁이 치열한 키워드의 경우에는 한 달 동안 사용하려고 잡아놓은 예산을 불과 반나절도 채 지나지 않아 다 써버리게 되는 경우도 허다하다. 돈은 돈대로 나가고 효과는 하나도 없는 그야말로 밑 빠진 독에 물을 콸콸 쏟아버린 격이다.

그 위험을 줄이기 위해 대행사를 통한 블로그 상위 노출을 시도하곤 한다. 이는 키워드 경쟁률에 따라 차등적으로 정해지는 마케팅 예산을 보통 한 달 정도의 기간을 두고 진행하는데, 대부분 사업주의 블로그가 아닌 마케팅 대행사에서 가지고 있는 혹은 섭외한 블로그를 이용한다. 그래서 정해진 마케팅 기간이 지나고 추가 비용으로 연장 진행하지 않는다면 더 이상 그 콘텐츠는 볼 수 없게 되거나 수정을 할 수도 없다. 이는 사업주의 블로그가 아니기 때문이다. 돈은 많이 썼지만 내 자산으로 남지 않게 되는 것이다. 결국, 노출이 필요하다면 다시 돈을 주고 상위 노출을 해야 하는 끝없는 비용 지출의 굴레에 사로잡히게 된다.

인스타그램도 끊임없이 진화하고 있다. 인스타그램이라는 플랫폼의 목적이 이미지나 짧은 동영상으로 사람들과 소통하는 플랫폼인데 정상적이지 않은 방법으로 인스타그램 팔로우를 구매하게 되는 경우, 계정이 막히거나 죽게 되는 현상을 심심치 않게 보게 된다.

모든 플랫폼이 그러하듯 인스타그램 또한 계정의 활동을 제약하는 명확한 기준이나 노출해주는 이유를 자세하게 설명하고 있지는 않다. 하지만 업계 종사자들의 공통적인 이야기는 비정상적인 활동이나 너무 상업적인 활동을 싫어한다. 상식적으로 생각했을 때 말이 안 되는 활동 로그나 게시물의 노출은 인스타그램에서도 체크하고 주시하며 지속되면 제재를 한다는 것이다.

아이러니한 것은 친구들과의 순수한 소통을 목적으로 한 인스타그램도 현재는 노출 광고 상품을 팔고 있으며, 상업적인 쇼핑 태그와 라이브 쇼핑 서비스, 결제 서비스 부분의 확대를 위해 지속적으로 변화하고 있다는 점이다.

객관적으로 상위 노출과 많은 팔로워가 무조건 나쁘다는 것이 아니다. 어렴풋이 알고 있는, '상위 노출이 중요하다던데, 인스타그램 팔로워가 중요하다던데'라는 '카더라'에 휩쓸리지 말고 사업주 스스로가 냉정하게 생각했을 때 내 브랜드에 남는 콘텐츠인지, 진짜 도움이 되는 마케팅인지를 먼저 생각해야 한다. 아무리 상위 노출이 일어나고 몇만 팔로워가 있어도 내 고객이 되지 않는다면 아무런 의미가 없기 때문이다.

아직도 의미 없는 상위 노출을 하고 싶은가? 여전히 인도의 유령 계정 팔로워를 늘리고 싶은가?

05

꼭 필요한 것만 사는 시대가 아니다

'시발 비용'이라는 것을 아는가? 욕이 아니다. 국내 최대 포털사이트에 검색해보면 '스트레스를 받아 지출하게 된 비용'이라는 뜻으로 요약해놓았다. 그 설명을 빌어오자면 「'스트레스를 받지 않았으면 발생하지 않았을 비용'을 뜻하는 신조어다. (중략) 스트레스 해소용으로 쓰인 시발 비용은 '탕진잼'으로 이어지는 경우가 많다. 탕진잼은 다 써서 없애버리는 것을 뜻하는 '탕진'과 재미의 '잼'을 붙여 만든 신조어로 저가의 생활용품이나 화장품 구매, 디저트 카페에서 작은 사치 누리기 등 일상생활에서 돈을 낭비하듯 쓰며 소비의 재미를 추구하는 행태를 일컫는다.」라고 한다.

심지어 2021년, BC카드는 업계 최초로 인기 웹 예능 프로그램 〈워크맨〉과 컬래버레이션으로 MZ세대 직장인을 겨냥한 '시발(始發)

PART 1. 왜 내 제품은 안 팔릴까? 41

카드'를 출시하기도 했다. 여기서 '시발'은 일이 처음으로 시작된다는 뜻으로 사용됐지만, 다분히 중의적인 표현이 아닐 수 없다. 사회 초년생들의 첫 출발을 응원하고 간간이 발생할 수 있는 '시발 비용'을 위해 쓰라는 뜻이 담긴 유쾌하고, 새로운 소비 트렌드를 적극적으로 지지하는 카드를 출시한 것이다.

옛날의 칭찬받는 소비는 필요한 것을 리스트로 적어 한 번 더 생각해보고 꼼꼼하게 가격 비교를 한 뒤 꼭 필요한 것만 저렴하게 구매하는 것이었다. 어쩌면 합리적인 소비라는 프레임으로 절약을 미덕으로 여기며 이것저것 따져보고 필요하지 않은 것은 소비하지 않는 것을 당연하게 여기기도 했다. 이와 더불어 굳이 필요하지 않은 제품을 구매하면 '충동구매'라는 부정적인 느낌의 단어로 표현하며 하지 말아야 할 것으로 배워왔다.

그런데도 사람은 꼭 필요한 것만 사지 않는다. 특히 경제가 어려워질수록 큰 소비가 줄고 상대적으로 작은 소비를 함으로써 내재된 소비 욕구를 만족시키는 대체소비 형태의 뜻을 가진 신조어들이 많이 생겨났다.

우리가 이미 익히 알고 있는 '소확행, 스몰 럭셔리' 등이 바로 그 예시다. '몇백만 원짜리 명품 가방은 못 사더라도 5만 원짜리 명품 립스틱은 하나 살 수 있지 않나?'라는 마음으로 굳이 필요하지도 않은 소소하지만 확실한 행복을 위해 기꺼이 지갑을 열고, 이를 또 하나의 소비문화로 받아들인다.

　어릴 때부터 늘 이성적이고 합리적인 소비를 올바른 것으로 가르치고 또 배워오면서도 우리의 삶 속에는 늘 충동구매를 정당화시키고 오히려 부추기는 다양한 소비행동이 동시에 자리 잡고 있었다. 결코, 소비자들은 늘 합리적으로 꼭 필요한 것만 사지 않는다. 돈을 쓸 명분은 늘 있고, 그 명분에 걸맞은 소비를 하는 우리가 있을 뿐이다.

무조건 싼 것만 사는 시대도 아니다

　몇 년 전까지만 해도 잘한 소비를 지칭하는 단어는 '가성비'로 설명할 수 있었다. 즉, '가격 대비 성능'이 좋아야 잘한 소비로 인식되고 뿌듯함을 배로 느낀다. 저렴한 가격에 이 정도 수준의 성능을 갖춘 제품이라면 대만족을 하던 소비자의 관점은 그 무엇보다 가격에 그 주안점을 둔 단어라고 할 수 있다.

　그런데 몇 년 전부터 '가심비'라는 단어가 등장하기 시작했다. '가격 대비 마음의 만족'을 추구하는 소비 형태를 뜻하는 단어로 잘한 소비라는 것의 기준이 싸고 좋은 성능이 아닌, 소비자의 심리적인 만족감이 중요시되는 소비 형태를 설명하는 단어다.

　최근 몇 년 동안 친환경 및 올바른 가치 구매, 이른바 '착한 소비'

에 대한 긍정적인 관심이 높아졌다. 무조건 싸고 양 많은 것을 최고로 생각하는 데에서 벗어나는 사람들이 늘고 있다. 조금 더 비싸더라도 더 이로운 것, 더 깨끗한 것, 더 환경에 도움이 되는 것 등을 구매하고 그것을 인증하고 나아가 주위 사람들에게도 전파하고자 하는 형태의 소비문화가 자리를 잡아가고 있다. 대기업들도 이에 뒤질세라 앞다퉈 친환경 제품을 생산하기 시작했고 더 나아가 환경을 해치지 않고 보호하며, 지속 가능한 성장을 위해 목소리를 높이기 시작했다.

버려지는 자원과 한정적인 지구를 걱정하는 취지에서 탄생한 스타트업들도 계속 생겨나고 있으며 소비자들에게 환영받고 있다. 그뿐만 아니라 이러한 변화가 그저 한순간의 바람으로 지나가는 것이 아님을 증명하듯이 다양한 환경 이슈를 반영한 예능 프로그램들이 공중파에서 제작되기도 했다.

'아주 상식적인 과일가게'라는 슬로건을 가지고 온라인을 통해 과일을 판매하는 곳이 있다. 이곳의 철학은 '딸 때 따는 과일'로 요약할 수 있는데, 맛있는 과일을 얻기 위해서는 과일이 잘 익을 때를 기다려 제때 수확하는 '기본'을 지키는 것이라고 말한다. 그러나 이 행위가 현재의 농산물 유통구조 안에서는 실현 불가능한 일임을 알기에, 그 과정을 거치지 않고 '기본'을 지켜 얻은 과일을 '제값'을 받고 판매하고 있다.

크고 색이 예쁜 과일이 비싼 과일이라는 인식 때문에 인위적인 과정이 들어가는 것이 보통이지만 이 과일가게는 크기나 모양, 과일의 색깔 등으로 등급을 나누지 않기 때문에 이러한 인위적인 과정 또한 사용되지 않는다. 그뿐만 아니라 품목을 늘려 매출을 높이려는 시도보다는 한 작물에 한 농부만을 계약해 단순히 과일을 공급해주는 생산자가 아닌 동반자로 여기고 있다.

'싸고 맛있는 과일은 없다'라고 과감히 이야기하며 농부의 노력에 가치를 매기고 '소비자'라는 말 대신 '공동생산자'라고 부른다. 재촉하지 않고 과일이 잘 익을 때까지 함께 기다리고 응원하며 기꺼이 합당한 가격을 지불하고 사 먹는 과일가게다.

이 과일가게의 회원가입 절차는 매우 까다롭다. 홈페이지에 회원가입을 하려고 클릭하면 다양한 질문을 만날 수 있다.

"저희는 과일을 크기와 모양으로 선별하지 않습니다. 소비자를 왕이라기보다는 같은 곳을 바라보며 함께 나아가는 공동생산자라 생각하며 농부와의 상생을 추구하는 곳입니다. 그래도 괜찮으시겠습니까?"

"과일은 생물인지라 택배라는 배송 과정을 통해 운송되는 동안 약간의 물러짐이나 터짐이 있을 수도 있다는 점을 양해해주실 수 있으시겠습니까?"

"과일은 공장에서 찍어내는 공산품이 아닙니다. 날씨에 따라서 해마다 맛이 조금씩 다를 수도 있습니다. 아무리 맛있는 품종이라도 전년보다 조금 더 맛있을 수도, 조금 덜 할 수도 있습니다. 저희는 1개의 과일당 1명의 농민과 지속적인 거래를 이어가고 있기에 이런 현상은 당연하다고 생각합니다. 이해해주실 수 있으시겠습니까?"

이 모든 질문에 이해하고 괜찮다는 긍정의 답변이 아니면 가입 승인이 나지 않는다. 물론 이곳의 가격은 흔히 마트에서 살 수 있는 과일보다는 당연히 비싸다. 상식적으로 생각해보면 '과연 이렇게 까다롭게 고객을 가려서 받는 과일가게가 과연 장사가 될까?' 하는 의구심도 들 것이다. 그러나 그 걱정은 고이 접어놓아도 된다. 모두가 힘들던 2020~2021년, 이 과일가게는 너무 고객이 많이 몰려 감당할 수 없으니 당분간 회원을 받지 않겠다는 공지를 올리기에 이르렀고, 2021년 6월부터는 신규 회원의 승인을 잠정 중단한다고 올려놓았다.

이 과일가게가 나아가고자 하는 방향성에 동의하는 고객만 신청 순으로 1년에 딱 100명만을 신규 회원으로 연말에 일괄 승인 처리할 것이며, 이에 동의한 사람만 회원가입을 진행해달라고 공지해놓았다. 그만큼 이 과일가게를 찾는 고객이 많고 이 까다로운 회원가입 절차에 동의하는 고객들이 많다는 것이다.

우리가 살고 있는 지금은, 꼭 필요한 것만 구매하는 시대가 아니다. 지금 당장 필요하진 않지만, 개인의 소소한 행복감을 위해 명품 화장품 매장을 둘러보기도 하고, 흔히 생각했던 비싼 과일의 외형과는 거리가 있는 과일을 오랫동안 기다렸다 좀 더 비싸게 구매하기도 하며, 더 비싸지만 분해되는 포장지를 사용한 제품을 기꺼이 구매하는 시대에 살고 있다.

내 제품과 서비스는 어떤 소비를 하는 고객이 원하는 제품과 서비스인가? 무조건 싼 것을 찾는 고객을 내 고객으로 만들 것인가? 아니면 내가 추구하는 가치와 방향성에 동의하고 기꺼이 동참하며 지갑을 여는 사람을 내 고객으로 만들 것인가? 이 모든 것은 오롯이 나의 선택이다.

06

매출이 오르지 않는 진짜 이유

지난 2020년 말, 중소벤처기업부가 제공한 '창업 기업 생존율 현황'에 따르면, 국내 창업 기업 5년 차 생존율은 겨우 29.2%였다. OECD 평균 생존율 41.7%에도 크게 못 미치는 수치다. 어려워진 경기 탓에 또 다른 생존의 돌파구로 창업을 시도했지만, 상대적으로 국내 자영업자의 창업 평균 준비 기간은 짧고 생계형 창업이다 보니 이미 포화상태인 전통 서비스업에 아이템이 몰린 영향이라는 분석이 지배적이다.

즉, 10개의 자영업자가 사업을 시작했지만 5년이 지나고 보니, 7개의 사업이 사라졌다는 것이다. 이러한 상황을 보며 단순히 '아, 많은 자영업자가 망했구나!'라고 생각하기보다는, '왜 망했을까? 왜 매출이 나오지 않았을까?' 하는 부분을 곱씹어 봐야 한다. 내가 아닌 다른 사람의 실패 사례를 통해 배움을 얻어 나는 같은 실수를 하지 않을 수 있도록 해야 한다.

호기롭게 창업을 하고 사업을 시작했지만, 매출이 오르지 않는 이유는 여러 가지가 있다.

첫 번째는 내 제품이나 서비스의 객관적인 경쟁력의 부족이다. 실질적으로 내가 팔아야 하는 제품이나 서비스의 경우, 앞에서도 언급했지만 제품이나 서비스 그 자체만으로 경쟁자들보다 월등히 뛰어나기가 어려운 것이 현실이다. 아무리 새롭고 그 어디에도 없는 제품이나 서비스를 준비했다 하더라도 일단 시중에 풀리면 금세 복제품이 생겨나고 없던 경쟁자들이 속출하게 된다.

공산품 같은 경우는 더욱 치열하다. 온라인 스토어로 부수입을 올리는 방법이 유행하면서 단가가 현저히 낮은 중국 도소매 웹사이트를 통한 제품의 수급이 자유로워졌다. 불과 며칠만 지나면 내 제품과 똑같은 제품이 시중에 판매된다. 솔직히 이제 더 이상 제품 그 자체로 경쟁력을 높이기는 현실적으로 불가능한 세상이 되어버린 것이다.

그런데도 내 제품이 경쟁력이 있는지, 없는지를 냉철하게 객관적으로 판단해야 한다. 단순히 나 혼자 생각하기에 '엄청나게 뛰어난 제품이다'라고 믿는 것에서 벗어나 실제 시장에서도 그런지 분석하고 평가해봐야 한다. 내 제품을 검색해보고, 비슷한 스펙이 있는지, 경쟁사 대비 정말 우월한 차별점이 있는지 하나하나 나만의 경쟁력을 꼼꼼하게 따져봐야 한다.

내 제품에 대한 객관적인 평가가 선행되어야 경쟁력을 더 강화하기 위한 전략을 세우든지 혹은 경쟁력 강화로 제품의 차별화를 이루기 어렵다면 다른 전략을 세울 것을 선택하든 할 수 있기 때문이다.

두 번째는 내 브랜드에 대한 부실한 콘텐츠다. 요즘 시대의 똑똑한 고객은 절대 그냥 사지 않는다. 본인이 꼭 고집하는 제품이 정해져 있지 않은 이상 '검색'과 '비교'의 과정을 반드시 거치게 된다. 결국, 잠정 고객이 내 브랜드 혹은 내 제품과 서비스를 검색하게 되는데, 그 과정에서 우선은 내 브랜드 혹은 내 제품이 잘 발견되어야 한다.

잘 발견된 브랜드와 제품은 그 단계에서 끝나는 게 아니라 잠정 고객에게 계속 머물러 있으면서 내 콘텐츠를 계속 클릭하도록 해야 한다. 여기서 중요한 포인트는 '이탈하지 않고 계속 클릭하도록 해야 한다'라는 것이다. 여기서 콘텐츠는 가장 쉽게 떠올릴 수 있는 상세페이지가 있을 것이며, 나아가 블로그, 인스타그램 등 다양한 SNS 플랫폼의 글이나 피드를 떠올릴 수 있을 것이다.

어쩌면 구매를 결정하는 최접점에서 고객을 맞이하는 온라인 상세페이지 하나에도 기획이 들어가야 하고, 이 기획에는 우연히 내 상세페이지에 들어왔다 하더라도 구매 버튼을 누르지 않고는 못 배길 정도의 탄탄한 콘텐츠로 중무장 되어 있어야 한다. 단순히 제품의 특장점을 주르륵 나열한 제품 상세페이지는 만드는 사람이나, 그것으로 구매를 고민해야 하는 고객 중 그 어느 누구도 만족시킬 수 없다.

제품 그 자체로 차별화시킬 수 없다면 콘텐츠로 경쟁해야 하는데, 그 콘텐츠에서도 경쟁력을 확보하지 못한다면 정말 더 어려운 싸움이 되는 것은 자명한 일이다. 고객의 입장에서 가장 매력적인 콘텐츠는 '본인에게 도움이 되는 콘텐츠'다. 한 단어로 이야기하자면 '정보성' 콘텐츠인데, 고객의 일상에 도움이 되고 꼭 알아놓으면 유익한 정보가 곧 좋은 콘텐츠의 시작이다.

각종 인테리어 관련 소품을 판매하는 셀프 인테리어 업계의 최고봉 '오늘의 집'은 원래부터 제품을 파는 회사가 아니었다. 힘들게 발품을 팔아 셀프 인테리어를 한 사람들이 오프라인 집들이로 내 집 자랑을 할 기회는 제한적이었고 성에 차지 않았다. 더 많은 사람에게 셀프 인테리어를 자랑하기 위해 온라인으로 집들이를 하며 인테리어 자랑을 하던 정보 공유 커뮤니티였다.

그런데 셀프 인테리어 자랑 글에 사람들이 모여 "조명은 어디서 샀나요? 커튼은 어느 브랜드 거죠? 식탁 모델명 좀 알 수 있을까요?" 등의 다양한 구매 정보를 묻기 시작했고, 개인이 일일이 대답해주던 것에서 발전되어 이 인테리어에 사용된 다양한 제품들을 바로 구매할 수 있도록 구매 플랫폼을 만들게 됐다. 이것이 바로 오늘날 '오늘의 집'의 형태를 갖추게 된 시작이다.

물론 '오늘의 집'은 단순히 구매 연결 플랫폼에 머무르지 않고, 인테리어 시공 등 다양한 분야로 사업을 확장해 나가고 있는 성장 기업이다. 그러나 그 시작은 바로 사람들이 필요하고 궁금했던 탄탄한 콘텐츠였다는 것을 부정할 수 없다.

마지막으로 언급하고 싶은 부분은 극복하지 못한 고객과 소비자의 입장 차이다. 사업주의 입장에서 브랜드나 제품에 대해 이야기할 때 가장 흔히 범하는 실수 중 하나는 '사업주가 하고 싶은' 이야기만 한다는 것이다. 내 제품과 서비스에 자부심이 많은 사업주일수록 하고 싶은 말이 많다.

얼마 전 전라남도 담양의 한 지역공동체의 교육담당자가 온라인 상세페이지 기획 및 제작 의뢰 문의를 했다. 필자는 브랜딩과 온라인 마케팅에 대한 강의와 컨설팅을 주로 진행하다 보니 실무적인 제작 의뢰는 받지 않는다. 그런데 몇 번이나 교육을 진행했던 담당자의 간곡한 요청이라 차마 거절을 할 수 없어 컨설팅 일정을 잡고 조합의 대표분들과 화상으로 컨설팅 시간을 가졌다.

주 판매 제품은 '녹차'였고, 지역이 담양인 만큼 대나무숲 옆에서 자라 잎이 연하고 맛이 부드럽다는 특징을 가진 고급 녹차였다. 온라인 상세페이지에서 다양한 내용을 나열하게 되지만, 가장 중요한 것은 상세페이지를 고객이 다 읽었을 때 '기억에 남는 한 문장의 차별화 포인트'가 반드시 필요하다. 그 차별화 포인트를 끄집어내기 위해 많은 질문의 시간을 가졌다.

"이 녹차가 다른 녹차들과 다른 가장 큰 특장점이 무엇인가요?"

"대나무숲 그늘에서 자라서 차 순이 크고 여려서 더 부드러워요. 같은 평수를 따도 양이 적게 나오기 때문에 단가가 높아요. 향은 좀 못 미치긴 하지만 감칠맛과 부드러움이 있고 아미노산이 풍부해요. 재배하고 기를 때 사람이 아닌 자연이 직접 길러요. 기르고 따고 덖고 포장하는 등의 전 과정을 저희 다섯 명이 끝까지 책임을 지고 해요."

"가장 처음 말씀하신 게 맛이 부드럽다고 하셨는데, 실제로 다른 녹차들과 비교해봤을 때 누가 마셔도 딱 느껴질 만큼 맛이 부드러운가요?"

"아니, 그건 잘 모르겠는데, 저희 녹차는 진짜 귀한 녹차거든요. 친자연적으로 키우고 완전 무농약이라 믿을 수 있어요. 진짜 저희가 정성으로 하나하나 다 만들거든요. 그리고….."

결국, 기획 컨설팅은 2차 미팅을 기약하며 미뤄졌다. 고객이 궁금해하는 것과 사업주가 말하고 싶어 하는 것의 갭 차이는 생각보다 크다. 사업주가 아무리 많은 특장점을 나열하고 말해줘도 고객은 '그래서 이 제품이 다른 사람이 아닌 나한테 왜 필요한데?'라는 질문에 대한 답을 찾을 것이고, 그 답을 상세페이지나 콘텐츠에서 찾을 수 없다면 결코 구매 버튼을 누르지 않을 것이다.

매출이 오르지 않고 결국 망하는 곳은 분명히 이유가 있다. 단순히 운이 안 좋아서 혹은 경기가 나빠서라고 이야기하기 전에 내 제품, 내 서비스, 내 브랜딩, 내 마케팅의 현재 상태를 정확하고 냉정하게 분석해봐야 한다.

그 작업이 선행되지 않고서는 결코 한 발짝도 나아갈 수 없이 계속 실패하고, 매출이 오르지 않는 그 자리에 머물러 있게 될 뿐이다. 내 현 상태에서 어느 부분이 부족한지를 정확히 알면 그곳에서 다시 시작할 수 있다.

07

고객은 언제나 정답을 알고 있다

　대부분의 사업주는 내 사업, 즉 나 자신에게만 몰두한다. 인정하고 싶지 않겠지만, 사업주 자신의 프레임에 갇혀 그 시선으로만 세상을 본다. 하도 고객, 고객 하니 고객의 눈으로 세상을 보고 싶다 하더라도 보는 방법을 알지 못한다. 이것이 대부분의 사업주가 여타 비슷한 경쟁자들 사이에서 두드러지지 못하거나 선택받지 못하는 주된 이유다.

　사실은 고객도 마찬가지다. 고객은 어떤 회사나 그 회사의 제품이나 서비스에는 관심이 없다. 오직 나 자신, 나에게 필요한 것, 내가 원하는 것에만 관심이 있다. 이 때문에 어느 사업이 생기건 망하건 혹은 어떤 신제품이나 서비스가 새롭게 나오건 말건 내가 원하는 것이나 나에게 필요한 것이 아니면 전혀 관심이 없다는 뜻이다.

즉, 고객의 니즈(Needs)와 상관이 없는 제품이나 서비스는 존재하지 않는 것과 다를 바 없다.

궁극적으로 고객의 선택을 받기 위해서는 가장 먼저 내 고객이 누구인지 정확히 알아야 한다. 내 제품이나 서비스를 대한민국 모든 국민이 알고 찾아와 앞다퉈 구매하고 이용하면 좋겠지만, 현실은 냉정하다. 이 세상에 모두를 만족시킬 수 있는 제품이나 서비스는 없다. 따라서 내 제품이나 서비스를 반드시 이용해야 하는 혹은 이용할 수밖에 없는 고객을 먼저 정해야 한다.

다이어트는 모든 여성의 최대 고민이며 떼려야 뗄 수 없는 평생 친구다. 몇 년 전 MBC에서 방영된 〈지방의 누명〉이라는 다큐멘터리를 기억하는가? 기억하지 못해도 상관없다. 최근 몇 년 사이 각종 예능이나 미디어를 통해 본인의 다이어트 비법이 저탄고지(저탄수화물·고지방)라고 밝히며, 매일 아침 버터를 넣은 방탄 커피를 마시거나 탄수화물을 거의 안 먹거나 적게 먹는 식이요법을 생활 습관으로 공개한 내용이다.

다이어트에도 유행이 있다. 원푸드 다이어트, 덴마크 다이어트, 간헐적 단식, 저칼로리 다이어트, 황제 다이어트 등 다양한 다이어트 식이요법은 늘 주목받았고, 그만큼 따라 하는 사람들도 많아졌으며, 다양한 다이어트 식이요법만큼이나 다양한 성공과 실패 사례들이 넘쳐난다.

필자도 항상 다이어트라는 말을 입에 달고 사는 평범한 사람이다. 2019년 즈음 지인과의 대화를 통해 '키토제닉', 이른바 저탄수화물·고지방 다이어트를 알게 됐고, 그길로 온라인 카페에 가입했다. 필자에게 그 커뮤니티는 또 다른 의미로 신세계였다. 우연한 기회에 처음 알게 된 단어였지만, 이미 몇 년 전부터 이들의 세계는 굉장히 체계화되어 있었고, 생각보다 많은 사람이 함께하고 있었으며, 그 수요는 계속 증가하고 있었다.

필자가 가입한 온라인 카페에만 약 25만 명의 회원이 있었고, 매일매일 200~300여 개의 글이 올라올 만큼 매우 활성화되어 있다. 물론 필자가 가입한 온라인 카페 이외에도 같은 주제의 다른 카페들도 꽤 있고 그 역시 활성화되어 있다.

여전히 키토제닉이나 저탄고지가 무엇인지 아느냐고 물어보면 모른다는 사람이 더 많음에도 불구하고, 이 카페는 단순히 정보 공유의 장을 넘어서 다양한 수익형 사업주들이 함께하고 있다. 카페 회원들이 원하는 것의 대부분은 저탄수화물·고지방 식단에 필요한 다양한 정보들이다.

필요한 식재료와 그 구입처, 다양한 레시피, 올바른 저탄수화물·고지방 방법, 부작용과 해결 방법, 함께하고 있다는 동질감 등 다양한 정보들이 오가는 속에서 단순히 정보를 얻는 사람들도 있다. 하지만 이들이 필요한 정보를 지속적으로 제공해 결국 사업을 시작하게 된 회원들이 꽤 많다.

키토제닉 식단에 사용되는 식재료는 일반식에 사용되는 식재료와 다른 재료들이 많다. 한국인의 주식이라 불리는 쌀을 거의 먹지 않고 쌀을 대체할 수 있는 콜리플라워나 곤약 쌀 같은 재료를 사용하고, 가장 흔하게 사용되는 밀가루, 설탕 대신 아몬드가루, 알룰로스, 스테비아 등을 사용한다. 또한, 전통적인 다이어트의 적인 오일류와 비계가 많은 부위의 고기를 자주 섭취해야 하므로 온라인으로 쉽게 찾아볼 수 있는 일반적인 한국 요리의 레시피는 별로 도움이 되지 않는다.

키토제닉은 단기간에 성과를 보는 것이 아닌, 식습관을 바꿔 장기적으로 유지하면서 체질을 바꾸고 지방을 더 잘 태울 수 있는 몸으로 바꿔가는 데 그 의의가 있다. 이 때문에 한번 이 식단을 하게 되면 꽤 장기적으로 하는 사람들이 꽤 많다. 이 식단은 전형적인 한국인의 식습관과는 거리가 멀기 때문에 이 식단을 하는 사람끼리의 연대와 정보교환이 그 무엇보다 중요하다.

가장 문제는 키토제닉에 적합한 식재료나 레시피가 항상 부족하다는 것이다. 그런데 이 식습관을 몇 년째 꾸준히 유지하며 효과를 보고, 나아가 이 식습관을 찬양하는 사람들은 본인만의 노하우를 아낌없이 나누고 공유하는 성향을 가지고 있다.

탄수화물 섭취를 극한으로 낮추고 단백질과 지방으로 대체하는 식단을 하면서도 지금까지 살아온 식습관이 있기에 여전히 생각나고 끊을 수 없는 밀가루와 설탕의 유혹이 도처에 도사리고 있다. 전통적인 다이어트 식이요법은 극한의 식이요법 기간 중에는 밀가루, 설탕, 흰쌀밥 역시 극도로 제한해 결국 한밤중 폭주로 실패하게 되는 경우가 허다했다. 그러나 키토제닉 식습관을 보다 장기적으로 지속할 수 있는 가장 큰 이유는 다양한 대체 식재료와 그 대체 식재료를 이용한 일명 속세의 맛 레시피들이 존재하기 때문이다.

다이어트 식단을 할 때 가장 피해야 하는 음식 중 하나는 제과 제빵류다. 빵의 주재료는 밀가루이며, 거의 모든 빵에는 엄청난 양의 버터와 설탕이 들어가기 때문이다. 그런데도 다이어트를 하는 사람들이 다이어트 중 가장 많이 생각나고 유혹에 넘어가게 되는 음식 또한 빵이다.

키토제닉 다이어트의 아주 큰 장점 중 하나는 대체 재료를 이용한 베이킹 레시피가 굉장히 많다는 것이다. 온라인 커뮤니티 카페와 본인의 소셜 플랫폼-블로그, 인스타그램, 유튜브 등-을 통해 본인만의 키토제닉 제과 제빵 레시피를 공개하고 공유하는 많은 계정의 주인들은 결국 수익화의 길을 걷고 있다.

저탄수화물 베이커리를 운영하는 사업주도 있고, 키토제닉 요리책을 출간한 작가들도 있고, 키토제닉 다이어트에 필수인 방탄 커피를 커피믹스 형태로 만들어 휴대성을 높인 제품을 제조·판매하는 회원들도 있다. 또 어떤 청년은 지속적인 다양한 키토제닉 베이킹 레시피와 다이어트 정보들을 공유하더니 본인 이름을 딴 자체 제작 초콜릿과 견과류 버터를 제작 판매하고, 키토제닉에 필요한 식재료를 공동구매 형식으로 판매하는 유통업자가 되기도 했다.

이 모든 수익화의 대상은 대한민국 모든 국민이 아닌, 키토제닉 다이어트에 관심이 있고 하려는 사람 혹은 저탄수화물·고지방 식습관을 가지고자 하는 아주 소수의 사람이라는 것이다. 대한민국 전체 인구 가운데 키토제닉 다이어트를 실천하고, 실행하는 사람이 과연 얼마나 될까? 생각보다 아주 소수라는 것에는 이견이 없을 것이다. 그런데도 이 사람들을 대상 고객으로 한 다양한 사업들이 존재하고 성황리에 성장하고 있다.

비록 내가 관심이 없고 잘 모르는 분야의 사업이거나 혹은 고객군이 너무 적은 것 같이 보이는 타깃이라고 하더라도 생각보다 많은 사람이 모여 있고 그 좁은 타깃의 고객을 대상으로 하는 사업도 잘되는 게 현실이다. 내가 모르는 이유는 내가 그 타깃 고객이 아니기 때문이다.

대부분 고객이 원하는 최우선적인 가치와 사업주로서 제공하고자 하는 가치가 충돌하기 때문에 제품과 서비스를 선택을 받지 못하는 결과가 나타난다. 가장 중요한 것은 고객이 진짜 원하는 것이 무엇인지 정확하게 파악해야 한다는 것이다. 고객이 원하는 것이 무엇인지 정확히 알아야 그 무엇을 제공할 수 있고, 선택을 받을 수 있기 때문이다.

저탄수화물 · 고지방 다이어트를 하는 사람들이 원하는 정보와 니즈는 명확하다. 그리고 그 명확한 니즈를 가진 고객들은 본인이 필요한 정보를 제공하고 공유하는 사람들을 결국엔 찾아내고야 만다. 사업주가 고객을 찾아다니며 내 제품이나 서비스를 사달라고 요구를 하는 것이 아니라 고객이 반대로 내가 제공하는 정보와 노하우를 사고 싶을 때 고객이 원하는 정답을 제공한 것이 된다.

우리는 모두 고객이자 생산자다. 본인이 고객이었을 때는 '아니 이런 물건을 왜 사?' 혹은 '이 서비스를 도대체 누가 이용하는 거야?'라고 생각하면서도, 내가 생산자가 되면 고객이었던 시절을 까맣게 잊고는 그런 제품과 서비스를 제공하며 팔리지 않는 현실을 탓하곤 한다.

잘 생각해보자. 내 지갑이 언제 열리는지. 나는 생산자이지만 여전히 고객이며, 고객은 언제나 정답을 알고 있다.

PART 2

고객이 혹하는

마케팅은 따로 있다

01

고객의 입장으로 접근하라

사업주에게 선택권이 있었던 전통적 마케팅의 시대

전통적인 대량생산 유통판매 시대의 마케팅은 넘치는 브랜드와 제품들 속에서 내 제품이나 내 서비스 자체의 특장점과 차별점을 알리고 고객의 선택을 기다리는 것이었다. 일단 최대한 많은 사람의 마음에 들 수 있는 특장점과 차별점을 다다익선의 마음으로 넓게 펼쳐놓은 다음, 이 중의 하나는 마음에 드는 게 있겠지 하는 심정으로 고객이 선택하게 만드는 것을 당연하게 여겼다.

따라서 그 시대에 가장 많이 혹은 가장 잘 팔릴 것 같은 보편적 다수의 니즈가 반영된 표준화된 상품을 대량생산하는 것이 제조업체에는 당연한 것이었다. 고객 역시 기업이 만들고 제공하는 기준에 맞춰 생산된 제품이나 서비스 중 가장 마음에 드는 것을 골라 구매하는 세상에서 살아왔다.

만에 하나 나만의 취향과 니즈가 반영된 상품을 구매하기 원한다면, '주문 제작'이라는 특별한 방식으로 적지 않은 추가 비용이나 시간을 지불해야 겨우 얻을 수 있는 시대였다.

전통적인 노출 광고 마케팅도 마찬가지였다. 대부분의 사람이 광고를 접하는 매체가 과거에는 TV, 라디오 같은 대중매체로 제한되어 있어 TV 프로그램이나 라디오 프로그램의 타깃 시청자층을 대상으로 한 광고를 제작하고 노출하는 시스템이었다.

황금 시간대나 인기가 많은 라디오 프로그램일수록 광고비는 천정부지로 치솟고, 원하는 프로그램에 광고를 넣기 위해서는 비인기 시간대나 인기가 없는 프로그램도 세트로 묶인 광고패키지를 구매해야만 했다. 그런데도 시청률이 50~60%나 되던 시절이었기 때문에 말 그대로 반드시 진행해야만 했던 매체였다.

요즘 시대를 보면 어떤가? 소위 대박 났다는 TV 프로그램 시청률이 10% 초반대고, 과거의 시청률에 견줄 수 있는 국민 프로그램은 이제 없다. 시청자가 선택할 수 있는 절대적인 채널의 개수가 엄청나게 많아진 것은 물론 IPTV나 넷플릭스, 웨이브, 디즈니 플러스 등의 구독형 동영상 스트리밍 서비스가 대중화됐다.

그뿐만 아니라 각종 다양한 동영상 앱과 해당 앱의 오리지널 콘텐츠 제공 서비스를 통해 스마트폰으로 시청자가 원하는 부분이나 프로그램을 선택해 광고 없이 보는 문화가 퍼지고 있다. 즉, 소비자가 소비할 수 있는 콘텐츠의 종류가 기하급수적으로 늘어났고 그만큼 소비자는 분산되고 있다.

선택권이 고객에게 넘어간 나노 마케팅의 시대

사업주의 입장에서 불특정 다수를 대상으로 쏟아낸 획일화된 일방적 메시지는 더 이상 힘이 없다. 이제는 말 그대로 과거의 전통적인 마케팅 방법이 통하는 시대가 아니기 때문이다. 4차 산업혁명, 인공지능 등의 첨단기술이 기존의 다양한 마케팅 툴과 융합되면서, 기업들도 더 세밀하고 자세하게 고객의 정보와 취향을 수집한다. 이를 토대로 초개인화된 고객 맞춤형 콘텐츠와 제품, 서비스를 제공하고 있다.

마침 내가 필요해서 검색했던 상품이나 서비스 혹은 브랜드 광고 창을 닫았음에도 불구하고, 내가 봤던 사이트가 따라다니고, 내 위치를 중심으로 사용 가능한 쿠폰이 발행되는 경험은 더 이상 새삼스럽거나 신기하지 않다. 마치 내 마음을 읽은 게 아닌가 하는 의심이 들 정도로 나의 니즈를 알고, 나에게 꼭 필요한 상품과 서비스를 추천하는 시대에 살고 있는 것이다.

따라서 요즘의 광고는 한 제품에 하나만 만들지 않는다. 같은 제품이나 서비스라 하더라도 TV와 온라인 등 매체에 따라 모델과 콘셉트도 다르게 만들고, 온라인에서도 타깃 고객에 맞춰 각기 다른 메시지로 더 세밀한 고객의 취향을 저격할 수 있는 광고 콘텐츠를 만들어내고 있다.

요즘의 광고는 다양한 고객 정보가 쌓인 빅데이터를 바탕으로 브랜드 사이트에 접속한 고객의 개인적인 취향이 어떤지, 무엇을 좋아하는지 알아낸 다음 그 고객의 취향에 맞춘 광고를 노출한다. 따라서 불특정 다수를 타깃으로 하나의 콘텐츠를 만들기보다 다양한 고객의 니즈에 맞춰 더욱 세분화된 콘텐츠를 개발하고, 이 콘텐츠를 적절한 시점에 고객에 맞춰 노출해야 한다.

현대의 고객들은 자기에게 필요한 정보를 직접 검색하고 찾아 확인할 수 있다. 뿐만 아니라 본인과 연결된 수많은 사람을 통해 본인이 원하는 것을 정확히 알 수 있다. 따라서 요즘 시대의 마케팅 목표는 단순히 판매를 높이는 것이 아니다. 고객이 원하는 것을 정확하고 세세하게 이해한 뒤 함께 교감할 수 있는 브랜드라는 인식을 줘서 관계를 맺어가는 데 초점을 맞춰야 한다.

고객의 입장이 마케팅의 첫 단추

지난해 6월, 카카오톡을 통해 온라인 마케팅 1:1 컨설팅이 들어왔다. 정년퇴임을 7년 정도 앞둔 나이 지긋하신 대표님으로, 직장인을 대상으로 한 재테크 컨설팅 서비스를 판매하는 분이었다. 몇 년 전부터 본인과 가족을 위해 직장인이 할 수 있는 안전한 투자 재테크에 대해 경매를 시작으로 꾸준히 공부도 하고, 투자도 하다 본인의 회사를 설립한 새내기 대표님이었다.

본인이 몇 년간 열심히 공부하고 터득해서 알게 된, 쉽게 말해 돈 버는 방법을 다른 사람들에게도 알려주고 나누고 싶은데 한 명 한 명 설명하기에는 한계가 있고, 좀 더 효과적이면서 효율적인 온라인 활용 마케팅 시스템을 만들고 싶어 컨설팅을 의뢰한 케이스였다. 필자는 컨설팅을 위해 동종 업계의 영업 마케팅 상황을 파악하고, 그것들을 바탕으로 대표님의 회사에 대한 분석을 통해 방향설정을 한 뒤 컨설팅 자료를 준비했다.

미팅을 시작하고 대화를 하며 초반에 안타까운 생각이 들었다. 이 대표님의 상품은 유형의 제품을 판매하는 회사가 아닌 미래의 경제적 수익을 판매하는 상품이었고, 단순히 몇천 원 몇만 원이 아닌 어쩌면 개인에게 큰 재산을 투자해야 하는 것이기 때문에 고객의 입장에서 궁금한 점이 아주 많은 상품이었다.

컨설팅을 진행하면서 고객의 입장에서 대표님께 폭풍 질문을 했고, 받은 대답을 토대로 사업을 정리했다. 사업주들이 가장 흔히 하는 실수는 내가 하고 싶은 말을 한다는 것이다. 사업주의 입장에서는 본인이 해당 분야의 전문가고, 적게는 몇 년 많게는 몇십 년의 노하우를 가지고 있으므로 기본적으로 고객에게 해주고 싶은 말이 매우 많다.

그것들을 온라인을 통해 전부 표현하고 고객에게 접하게 하는 것이 온라인 마케팅의 전부라고 생각한다. "그것이 맞는 게 아니냐?"라고 묻는다면 "전혀 아니다!"라고 말하고 싶다. 사업주가 하고 싶은 말이 반드시 고객이 듣고 싶은 말일 것이라는 착각에서 벗어나야 한다.

전혀 나를 모르거나 이 사업을 모르는 사람도 내 콘텐츠를 보고 나와 내 사업을 쉽게 이해하고 나아가 투자를 고려할 수 있게 만드는 힘은 고객이 궁금하고 듣고 싶어 하는 이야기를 해줘야 한다는 것에 핵심이 있다.

"대표님이 하고 싶은 말씀만 하시면 컨설팅이 되지 않아요! 제가 고객의 입장으로 질문하고 말씀을 드리는데, 제 말을 안 들으시고 하고 싶으신 말씀만 계속하시잖아요. 그렇다면 저에게 어떤 컨설팅을 받고 싶으신 건가요?"

컨설팅할 때는 감정을 드러내지 않는 것을 원칙으로 하는데, 이날은 꼭 필요한 순간이어서 좀 강하게 이야기했다. 잠시 어색한 정적이 흐르고, 그제야 대표님은 "아!" 하시며, 순순히 듣겠다고 했다.

마케팅을 시작하려고 할 때 가장 중요하면서도 기본적인 시작 포인트가 바로 고객의 입장에서 시작하는 것이다. 이 시작 부분이 고객이 아닌 다른 곳이라면 첫 단추가 잘못 끼워진 셔츠처럼 결국 다시 다 풀고 다시 채워야 하기 때문이다. 다시 한번 내 사업과 내 마케팅의 시작점을 살펴보라. 그 시작점이 고객인지 아니면 다른 어떤 것인지.

> 고객은 똑같은 대우를 원치 않는다.
> 그들이 바라는 것은 개별화된 처우다.
> - 돈 페퍼스 & 마사 로저스

02

고객을 어떻게 돕고 싶은가를 고민하라

　'고객 만족'이란 단어가 우리 사회에 나타난 것은 그리 오래되지 않았다. 2010년 산업통상자원부가 제공한 《지식경제용어 사전》에 처음으로 등재가 됐다. '고객 만족을 목표로 하는 경영으로 기존 매상고나 이익증대 같은 목표와 달리 고객에게 최대의 만족을 주는 것에서 기업의 존재 의의를 찾으려는 경영방식'이라고 설명되어 있다.

　기업의 존재 의의가 매출 증대나 이익 창출이 아닌 고객에게 최대 만족을 주는 것이라는 정의 자체가 뭔가 앞뒤가 맞지 않아 보인다. '매출이나 이익에 상관없이 고객의 만족을 위해서 기업이 존재하는 것이라면 기업은 무조건 손해인데 그런데도 기업을 유지한다는 게 말이 되는 소리야?'라는 생각이 드는 것은 당연하다.

이 정의의 뜻을 좀 더 이해하기 쉽게 풀어보자면 '고객이 내 제품이나 서비스에 대해 최대로 만족하게 되면 당연히 구매하게 될 것이고, 이는 매출 증대나 이익 창출로 자연스럽게 따라오게 된다'라는 의미로 설명해볼 수 있다.

즉, 매출을 위한 마케팅이 아닌 고객 만족을 위한 마케팅으로 전략을 세운다면, 매출은 부수적으로 따라오게 될 것을 염두에 두고 '고객 만족'이라는 키워드를 전면에 내세운다.

'고객 만족'을 위한 마케팅을 하기 위해 기업에서는 흔히 '고객들이 무엇을 원하는가?'라는 질문을 많이 한다. 이 질문을 사업주의 입장에서 좀 더 명확한 접근을 위해 '해결사'의 관점으로 바꿔본다면 '고객들의 문제가 무엇인가?'로 바꿀 수 있다.

고객이 무엇을 원하는지, 문제가 무엇인지 가장 빠르고 쉽게 알아낼 방법은 고객에게 직접 물어보는 것이다. 그래서 수많은 리서치 회사가 있고, 많은 기업이 실시하는 '고객 설문 조사' 혹은 '고객 만족도 조사' 같은 서비스가 존재하는 것이다.

단순히 궁금한 것을 물어보는 것이 아닌 고객의 문제나 원하는 것을 정확히 끄집어내기 위한 작업은 결코 쉬운 것이 아니다. 왜냐하면, 의외로 고객 스스로 본인이 무엇이 불편한지 혹은 무엇을 원하는지 잘 모르기 때문이다.

따라서 고객의 문제나 원하는 것을 정확히 파악하기 위해서는 고객이 정확하게 답할 수 있도록 뾰족한 질문을 던져야 한다. 날카롭지 않은 질문을 통해 얻게 되는 대답은 두루뭉술할 뿐 아니라 결국엔 아무런 영양가 없는 결과만 도출되곤 한다.

이러한 시행착오를 겪지 않으려면 어떻게 해야 할까?

우선 고객의 근본적인 문제를 파고들 수 있는 질문을 해야 한다. 고객 대부분은 문제의 원인이 아닌 결과로 나타난 불만을 주로 이야기한다. 사업주는 겉으로 드러난 행동이나 결과만을 알기 위함이 아닌 왜 그렇게 하는지, 정말 원하는 것이 무엇인지 파고들어 집요하게 끄집어내야 한다.

해결책이 아닌 문제를 묻는다

우리가 흔히 접하는 고객 만족도에 대한 서비스 조사를 하는 질문지를 보면 "○○○이란 서비스 혹은 신제품 ○○○에 만족하시나요?"라는 질문이 있고 '매우 만족―만족―보통―불만족―매우 불만족'의 만족 정도를 표시하게 하는 형태가 일반적이다. 이러한 질문은 솔직히 별로 좋은 질문이 아니다. 질문 자체가 고객으로 하여금 무의식중에 답을 유도해, 이러한 질문을 맞닥뜨린 대부분의 고객은 착한 거짓말을 하게 되기 때문이다.

진짜 내 제품이나 서비스에 대한 만족도를 알고 싶다면 고객이 현재 겪고 있는 문제에 대해서만 질문을 해야지, 구체적인 해결책이나 솔루션 등에 대해서는 언급하지 않는 것이 좋다.

실제로 고객은 질문에 언급된 서비스나 제품의 출시 자체를 모를 수도 있고, 이 브랜드의 업데이트 자체에 관심이 없을 수도 있다.

고객의 문제를 정확히 짚어내고 도울 방법을 제시하라

내 고객이 가진 문제를 정확히 짚어내기 위해서는 실제로 현재 마주한 문제들을 적어볼 것을 권장한다. 이 작업을 할 땐 철저히 고객의 입장에서 이뤄져야 한다. 본인이 고객의 입장으로 생각하기 어렵다면 본인의 제품이나 서비스와는 전혀 상관없는, 내가 고객으로 정한 나의 타깃 고객을 골라 이 작업에 대해 인터뷰해 볼 수도 있다.

이렇게 적어 내려간 문제를 보며 가장 큰 문제가 무엇인지, 그 문제가 또 다른 문제들과 어떻게 연결되어 있는지 객관적으로 살펴봐야 한다. 이 문제의 크고 작음을 판단하는 가장 중요한 평가 기준은 고객의 생존과 연결이 되어 있느냐의 여부로 생각해볼 수 있다.

'무슨 내 제품이나 서비스를 구매하게 하는 데 생존까지 논하느냐?'라고 반문을 할 수도 있지만, 마케팅할 때 가장 핵심이 되는 코어 메시지는 결국 내 제품이나 서비스의 사용 여부가 고객의 생존이나 본성적인 부분을 건드려줘야 한다는 것이다. 그렇지 않으면 고객은 절대로 아무런 반응이 없다.

생존이라는 단어를 사용해서 너무 과하게 들릴 수 있지만, 결국엔 고객이 내 제품을 사용하고 내 서비스를 이용했을 때 고객 본인의 삶이 더 좋아지고 있는지, 문제를 잘 해결해주는지가 명확해야 한다는 것이다.

앞서 예시를 든 직장인을 대상으로 한 재테크 컨설팅 서비스를 판매하는 대표님의 경우, 이 서비스 론칭을 위해 얼마나 큰 노력을 했는지, 얼마나 대단한 지식이 있는지에 대해 어필하고 싶어 하셨다.

안타깝지만 철저하게 잘못된 메시지다. 실제로 고객은 사업주의 노력이나 지식에는 관심이 없다. 이 사례에서 고객은 "내가 가진 소중한 재산을 믿고 투자할 수 있을까?" 하는 의구심만 있을 뿐이다.

실제로 내 돈으로 투자한다는 것은 투자금을 잃을 위험도 감수해야 하지만, 반대로 절대 잃고 싶지 않고 지키는 것을 넘어 더 큰 수익을 내고 싶은 욕망이 실제로 고객에게 크게 자리 잡기 때문이다.

그렇기 때문에 이 사업주에게 가장 먼저 필요한 것은 '믿을 만한 근거를 주는 콘텐츠'다. 투자라는 것은 단순히 몇천 원짜리 속는 셈 치고 한번 사고, 별로면 '에이, 돈 버렸다' 하고 말 수 있는 상품이 아니다. 실구매, 즉 투자를 진행하기까지는 상당히 높은 수준의 신뢰가 쌓여야 한다.

이러한 신뢰는 사업주가 중요하다고 강조하고 싶은 부분이 아니라, 고객이 될 예비 투자자가 진짜 궁금해하는 부분에 대한 답과 그와 관련된 객관적이면서도 업데이트된 최신정보들이 쌓여 형성된다.

즉, '내 투자금이 법적인 보호를 받을 수 있을지? 이 회사 자체가 금전적으로 안전한 회사인지? 정말 믿을 수 있는 곳인지?' 하는 본능적이고 고객의 생존과 직결된 문제에 대한 걱정을 해결해주고 도와주는 솔루션이 필요하다는 것이다.

이렇게 고객의 문제를 정확히 파악했다면, 그 이후 고객의 문제를 어떻게 해결해줄 수 있을지 혹은 어떤 도움을 줄 수 있을지 고민해야 한다. 이 단계가 바로 '고객 만족'의 시작점이다. 고객의 문제는 아랑곳하지 않고 그저 내 제품이나 서비스만 구매하라고 반복해 말해봤자 고객들에게는 본인의 눈앞에 있는 문제가 제일 커 보인다. 내가 소개하는 제품이나 서비스는 전혀 눈에 들어오지도 않을

뿐더러 오히려 거슬리는 대상으로 전락하는 것은 불 보듯 뻔하다.

본격적으로 마케팅을 시작하겠다고 마음먹은 사업주라면 반드시 기억해야 한다. 제품이나 서비스에 대해 자랑을 하기 전, 고객이 가진 문제를 내가 제공하는 제품이나 서비스로 어떻게 도와줄 것인지에 대한 고민을 먼저 하는 것이 반드시 필요하다. 내 자랑은 그다음으로 미뤄도 절대 늦지 않다.

당신의 도움이 가장 절실한 고객에게 다가가라.

– 필립 코틀러

03

스토리만큼 강력한 무기는 없다

많은 사업주가 사업을 시작하면 '마케팅에도 손을 대야 하는가?' 하는 고민에 빠지는 시기가 분명히 찾아온다. 특히 어떻게 알았는지 여러 마케팅 대행사에서 무료 블로그 체험단, 무료 인스타그램 팔로워 늘리기 등의 미끼상품을 제안하는 온라인 마케팅 소개 전화가 많이 온다. 이제 막 사업자를 내고 본격적인 비즈니스를 시작하기에 여념이 없는 시기에 이런 전화를 받으면 많은 사업주들은 흔들리게 된다.

마케팅을 하긴 해야 할 것 같은데, 어떻게 해야 하는지도 모르겠고, 사업 운영만으로도 아직 벅찬데 월세는 하루하루 계산되고 있는 냉정한 현실에 뭐라도 해야 할 것 같은 마음이 든다. 실제로 일단은 무료라고 하니 한번 해보자 싶은 마음에 제안을 덥석 받아들인 사업주도 꽤 많다.

　필자는 오래전부터 개인 블로그를 운영하고 있다. 마케팅 강의 관련 내용이나 마케팅에 관한 여러 가지 생각을 블로그를 통해 나누고 피드백을 받기도 한다. 상위 노출도 잘되고 꾸준히 운영하는 블로그이다 보니 체험단 제안 쪽지나 이메일을 하루에도 수십 통 받는다. 이런 대부분의 제안은 바로 휴지통행이다.

　하지만 현업 마케터이자 강사로서 실전 감각을 잃기 싫은 마음에 아주 가끔은, 또 이 시장은 어떻게 변하고 있는지 확인하는 차원에서 참여하기도 한다. 한번은 마침 미용실에 갈 시기가 됐는데, 필자가 다니는 동선에 있는 한 미용실의 헤어스타일링 시술 체험단 제안이 들어와서 참여한 적이 있다.

　네이버 예약을 통해 방문 예약을 하고 원하는 시술을 받은 후, 제공된 키워드 중 하나만 선택해서 제목에 한 번, 본문에 네다섯 번 반복한 후기를 블로그에 남기는 것이 체험단 조건의 전부였다. 체험하는 입장에서는 여러 가지 까다로운 후기 제약이나 조건이 없었기 때문에 너무 편한 체험이었지만, 솔직히 사업주로서는 별로 효과적이지 않겠다는 생각이 들었다.

　체험단 조건에 따라 네이버로 예약한 뒤 미용실을 방문했다. 이 미용실은 주소가 대치동이긴 했지만, 위치 자체가 사람들이 많이 다니는 길목에 있지 않아 일부러 찾아와야 하는 곳이었다. 내부 시설은 머리 하는 곳이 단 세 개뿐인 속칭 동네 미용실 같은 소규모 미용실이었다. 필자는 엄연히 블로거 체험단이었기 때문에 원하는 헤어스타일을 상담 후 머리를 한 뒤 사진을 포함한 후기만 올리면 되는 아주 꿀 같은 체험이었다.

하지만 직업이 직업인지라 몇 시간 동안 한자리에 앉아 머리를 맡기고 거울로 서로를 마주 보며 대화하는 미용실이라는 공간의 특성상 마케터로서 오지랖이 발동한 것은 어쩌면 당연한 일이었다.

"대표님, 저는 블로거이기도 하지만 마케팅 강의도 하고 컨설팅도 하는 전문 마케터예요. 궁금한 게 있는데 좀 여쭤봐도 될까요?"

솔직히 가장 궁금했던 것은, 이 정도 수준의 체험단을 과연 돈을 쓰고 하는 체험단인지, 아니면 무료로 진행하는 체험단인지의 여부였다. 그리고 추가로 이 체험단이 얼마나 효과가 있는지, 대행사에 돈을 주고 체험단을 운영하는 것이라면 사업체 규모 대비 적은 비용이 아닐 텐데 제대로 리포트를 받고, 투자한 만큼 아깝지 않은 체험단 운영 서비스를 잘 받고 있는지 등이 궁금했다.

"대표님, 체험단 진행 많이 하세요? 효과가 좀 있나요?"

이 질문을 시작으로 대화의 물꼬를 터서 다양한 질문과 답을 주고받았다.

결론적으로 이 미용실은 실제로 매월 일정 비용을 사용해 체험단을 진행하고 있었다. 우려했던 바와 같이 처음에는 무료로 진행해줘서 했는데, '어쨌든 나보다 전문가니까 잘해주고 있는 거겠지' 싶어 계속 진행하고 있다고 했다. 효과가 있는지에 대한 대답은 더욱 절망적이었다.

"다른 데도 다 하고 있고, 안 할 수는 없으니까 하는 거죠, 뭐. 저는 잘 모르잖아요."

사실 이 정도 규모의 작은 사업체에서 마케팅에 투자하는 몇십만 원은 굉장히 큰돈이다. 피 같은 돈을 전문가를 통해 마케팅에 쏟아부었는데 아무런 성과가 없거나 혹은 그 성과조차 제대로 측정할 수가 없다면 얼마나 황당한가. 사실 이러한 상황을 겪고 있는 사업주의 대부분은 뭐가 어떻게 잘못되고 있는지조차 전혀 알지 못한다.

대부분 매출이 나오지 않으면 '내 제품이나 서비스가 내 생각만큼 좋지 못한가?' 하는 생각을 가장 먼저 하게 된다. 그런데 정말 그 제품이나 서비스에 문제가 있을까? 혹시 이 제품이나 서비스를 이야기하는 '방법'이 문제인 것은 아닐까?

한 달에 몇 건의 체험단에 얼마라는 방식의 계약으로 맺어진 마케팅 대행사와 사업주의 관계에서는 체험단 후기 콘텐츠 퀄리티야 어떻든 개수만 채우면 정해진 돈을 주게 된다. 혹시라도 악플에 가까운 후기를 받게 되면 추가로 하나 더 해주는 방식으로 무마하곤 한다.

과연 이 방식이 장기적인 관점에서 사업체에 도움이 되는 마케팅일까? 이 사업체는 과연 누구에게 무엇을 어떻게 팔고 있는가?

작은 사업체에도 나만의 스토리가 필요하다

단순히 후기가 많거나 홈페이지가 예쁘다고 제품이나 서비스가 잘 팔리진 않는다. 실제로 영업을 해주는 것은 '말', 다시 말해 '이야기'다. 사업주가 의도하는 분명한 메시지를 전달하지 않으면, 고객은 결코 귀 기울여 듣지 않는다. 분명한 메시지 없이 그냥 대행사에 체험단 마케팅을 위한 비용을 지불하고 후기 콘텐츠가 생성되어봤자 고객에게는 결국 소음이거나 돈 주고 만든 광고에 불과하다.

분명한 것은 명확한 메시지를 정하고 그 메시지를 고객에게 전달하는 것이 쉽지 않다는 것이다. 하지만 모든 마케팅 전략이나 수행에 앞서 반드시 필요한 과정임에 틀림이 없다.

사업주는 고객에게 전달하고 싶은 분명한 메시지를 만들어야 하고, 그 메시지를 토대로 한 '스토리'가 필요하다. 스토리는 우리말로 하자면 이야기며, 사람들이 다른 사람들과 소통하며 살아가는 수단이다.

사람들이 일상에서 이야기하며 나누는 대화는 결코 어렵지 않으며 서로가 예측할 수 있는 방식으로 소통한다. 이는 엄청난 양의 보고서를 읽어 뇌를 쥐어짜며 엄청난 노력을 쏟아부어야 비로소 이해되는 상대방의 심오한 메시지를 소화하기 위함이 아니다. 의식의 흐름에 따라 자연스러운 논리와 질서로 그저 듣고만 있어도 몰입이 되고, 무슨 일인지 알게 되는 것이 바로 이야기이자 스토리다.

사업주가 고객에게 우리의 제품과 서비스를 소개하고 알리는 포인트에 있어서 반드시 필요한 부분이 바로 이 '스토리'다. 아무리 작은 비즈니스를 하는 사업주라도 대화를 나눠보면 개개인의 고유한 스토리가 있다. 물론 그 스토리가 모두 매력적이거나 사업과 직접 연관되어 강력한 메시지를 담고 있는 것은 아니다.

하지만 분명한 것은 '고유하다'라는 부분이다. 사업주 본인이 원래 가지고 있는 나만의 이야기와 비즈니스를 하며, 고객에게 전달하고 싶은 메시지를 바탕으로 내 비즈니스만의 고유하고 독창적인 스토리를 만들어야 한다.

그 스토리는 사업주가 고객에게 가벼운 대화를 통해 이야기해 주더라도 고객이 별다른 노력 없이 한 번에 빠르게 이해가 되어야 하며, 그 스토리가 결국엔 이야기를 듣고 있는 고객의 생존과 번영에 도움이 되어야 하는 종류의 것이어야 한다. 사람은 본능적으로

자기 자신의 생존과 번영에 직접적인 도움이 되는 비즈니스를 찾고
있기 때문이다.

　체험단을 무료로 운영해준다는 달콤한 대행사의 유혹에 빠지기
전에 내 비즈니스만의 강력한 무기가 될 수 있는 스토리를 준비해
야 한다. 그래야만 그 이후 여러 가지 마케팅 단계에도 힘이 실리고
고객에게 강력한 메시지로 묵직한 유효 공격을 퍼부을 수 있다.

스토리 없는 브랜드는 살아남지 못한다.

– 킨드라 홀

04

핵심만 간결하게, 한 문장으로 충분하다

메시지는 간결함이 생명이다. 자고로 짧고 신속해야 하며 듣자마자 바로 이해할 수 있는 내용이어야 한다. 그러한 메시지만 결국 살아남는다. 하루에도 수천수만 가지의 메시지와 정보가 쏟아지는 세상에서 긴 메시지는 고객을 사로잡을 수 없다.

TV 광고의 기본적인 러닝타임은 15초다. 원하는 TV 프로그램을 보기 위해 시간 맞춰 TV를 틀고 자리에 앉았지만, 아직도 사전 광고 시간이다. 이 시간 동안 채널을 돌리지 않고 모든 광고를 다 지켜보며 원하는 프로그램이 시작하기를 기다리는 시청자가 과연 몇 명이나 될까?

TV로 제품이나 서비스를 파는 홈쇼핑 채널이 여러 정규 채널들 사이에 포진해 있다. 6대 홈쇼핑의 합산 시청률은 채 1%가 안 된다. 말 그대로 애국가 시청률보다 못한 잔혹한 현실이다. 홈쇼핑은 기다려서 보는 채널이 아니다. 15초짜리 광고가 지겨워서 채널을 이리저리 돌리다 보는 채널이 바로 홈쇼핑 채널이다.

아주 잠깐 ―몇 초― 머무르기 때문에 그 몇 초 안에 시청자의 주의를 끌지 못하면 바로 채널 변경을 하는 것은 지극히 상식적이다. 한 제품당 러닝타임이 기본 1시간 정도인 홈쇼핑은 그 시간 동안 매력적인 짧은 멘트를 중심으로 서너 번 이상을 반복하는 구성이다.

채널을 돌리다가 스치듯 들리는 멘트 하나 혹은 보이는 판넬의 카피 하나에 꽂혀야 어느 정도 머물러 설명을 더 듣게 된다. 인기 프로그램의 앞뒤에 걸쳐 배치된 홈쇼핑 시간대에는 보던 프로그램이 끝나고 채널을 돌리다 보면 기가 막히게 그 프로그램을 언급하며, "○○○ 끝나고 채널 돌리시는 고객님들 계시죠?"라는 멘트를 들어본 경험이 있을 것이다. 불특정 다수의 시청자 대상이 아닌 소름 돋게 '어머? 나 부른 거야?'라는 생각이 들 정도로 나를 콕 집어 불러 붙든다.

일단 고객이 잠시 멈추면 쇼호스트는 결코 시간을 허투루 쓰지 않는다. 판매하는 제품의 특장점과 이번 방송 시간에만 주어지는 혜택에 대해서 빠르고 간결하게 설명한다. 초반 몇 초에 고객을 사로잡지 못하면 고객은 여지없이 채널을 돌리기 때문이다. 홈쇼핑 쇼호스트들의 상품 설명에 공통으로 적용되는 특징은 멘트의 문장이 아주 짧고 생각보다 호흡이 빠르다는 것이다. 그만큼 고객은 길고 지지부진한 설명이 아닌 짧고 임팩트 있는 메시지를 원한다.

요즘 많이 보는 유튜브의 초반 광고 노출 시간은 5초다. 5초 동안 잠정 고객을 사로잡지 못하면 가차 없이 '건너뛰기' 버튼을 누르게 된다. 아주 임팩트가 좋았던 유튜브 광고가 있다. 장영란을 주인공으로 한 유튜브 채널 〈네고왕 2〉에서 시민들의 의견을 적극적으로 반영해 예능 PD들이 만든 일명 '스킵하세요'다.

보통의 유튜브 시청자는 광고가 나오면 마우스를 이미 '건너뛰기' 버튼 부분에 놓고 있다. 그 버튼이 뜨자마자 바로 누르기 위함이다. 보통 다들 그렇지 않은가? 〈네고왕 2〉에서 시민 인터뷰를 통해 시민에게 직접 받은 피드백은 '첫 1초 만에 이 광고를 볼지 말지 결정한다'라는 것이었다.

'스킵하세요' 광고는 바로 이 지점을 파고들어 탄생한 광고다. '건너뛰기' 버튼이 나타나기 전 3초 동안 잔잔한 음악과 함께 장영란이 화면에 등장한다.

"어머? 또 광고야? 아직 프리미엄 구독 안 했어? 스킵해! 스킵 스킵!" 하는 멘트와 함께 친절하게도 '건너뛰기' 버튼이 나타나는 방향을 손가락으로 집어가며 스킵하라고 말한다. 이 신선한 멘트에 시청하던 사람이 '어라, 뭐지? 스킵하라고?' 하며 혼돈을 느끼는 1초 동안 간을 보며 "어머, 아직 스킵 안 했네? 그럼 1초만 광고할게!"라고 말한다.

그리고 나머지 1초 동안 제품에 대해 강조하고 싶은 가장 큰 장점 어필을 위한 "마스크 쓸 때 귀 안 아파?"를 속사포처럼 쏟아내면, 회사 대표의 날것 같은 내레이션 "귀 안 아픈 마스크"가 텍스트 자막과 마스크 이미지가 있는 심플한 화면으로 광고가 마무리된다. 이 모든 스토리가 단 5초 동안 담긴 광고 내용의 전부다.

이 광고는 '건너뛰기' 버튼을 누르려 하다가 누르지 않고 계속 보게 했으며, 필자가 직접 검색해서 찾아보게 만든 엄청난 광고였다. 짧고 임팩트 있는 메시지가 허를 찌르는 위트와 만났을 때 얼마나 큰 위력을 보여주는 좋은 사례다. 가히 마스크 홍수의 시대라고 불러도 과언이 아닌 요즘 시기에 당당히 마스크 브랜드 이름을 똑똑하고 임팩트 있게 각인시켰다.

실제로 이 광고 후 해당 마스크의 매출은 사이트가 마비될 만큼의 큰 폭으로 상승했으며, 이 마스크 브랜드에 대한 인지도 또한 젊은 친구들에게 고유명사로 언급될 만큼 큰 인기를 얻었다. 요즘같이 마스크가 일상화된 시대에 마스크 브랜드의 종류는 또 얼마나 많아졌는지 생각해보라.

브랜드의 자금력과 인지도에 따라 각종 다양한 광고와 마케팅이 넘쳐나고 있고, 마스크 자체의 성능은 크게 차이가 없음은 이미 모두 알고 있다. 엄청나게 포화된 마스크 시장에서 필터가 어떤지, 활동성이 어떤지, 기능이 어떤지, 모델이 누구인지, 컬러가 어떤지 등의 다양한 메시지를 전달하는 다른 마스크 브랜드와 달리 단 1초짜리 짧고 강한 메시지를 담은 광고는 브랜드의 존재를 인식시켰을 뿐 아니라 매출까지 끌어올린 일등 공신이 됐다.

사업주가 담고 싶은 이야기를 모두 담은 긴 이야기가 고객에게도 좋은 것은 아니다. 아무리 길고 자세하게 이야기를 해도 듣는 사람이 내 이야기가 아니다 싶으면 관심을 전혀 두지 않는다. 그래서 장황하고 긴 이야기가 끝났을 때 이야기를 끝낸 사업주는 뿌듯할지 몰라도, 이야기를 듣고 있던 고객은 멍한 상태로 아무것도 머릿속에 남아 있지 않게 되는 경우가 허다하다.

메시지가 간결하면 말하고자 하는 핵심이 더욱 돋보이고, 상대방의 마음에 더 깊이 남게 된다. 가급적이면 문장도 짧은 것이 좋다. 문장 자체가 길면 잘 읽히지도 않고, 들어도 귀에 잘 들리지 않으며 집중력이 떨어지고 산만해진다.

사업주의 입장이 아닌 고객의 입장에서 고객의 언어로 최대한 쉽고 간결한 메시지를 뽑아야 한다. 사업주는 본인이 이 사업을 하기까지 오랫동안 연구하고 전문적으로 배우며 해당 분야의 전문가가 됐을 것이다. 아마도 그 사업주 주변에 있는 사람들도 같은 목표를 가진 동료들이거나, 평소 자문을 많이 구했던 지인들이라면 이미 그 분야의 용어나 원리가 익숙한 반전문가 정도는 됐을 것이다.

그러나 사업주가 간과해서는 안 될 부분이 있다. 이 사람들은 사업주의 고객이 아니라는 것이다. 사업주의 고객이 정확히 누구인지를 먼저 파악하고, 그 고객은 사업주가 제공하는 제품이나 서비스를 생전 처음 접한다고 생각해야 한다. 즉, 고객은 내 제품이나 서비스를 만나기 전까지는 전혀 관심도 없고 이 분야에 대해 아무것도 모르는 상태라고 가정해야 한다는 것이다. 이러한 사람들이 사업주의 비즈니스나 브랜드의 메시지를 처음 접했을 때 직관적이면서도 별다른 큰 고뇌나 노력 없이 한 방에 이해가 쏙쏙 되어야 한다.

마치 초등학생에게 이야기해도 "아!" 하며 고개를 끄덕일 수 있을 정도로 쉬울 것을 강조하고 싶다. 1990년 스탠퍼드대학의 심리학 박사 엘리자베스 뉴턴(Elizabeth Newton)의 실험에 따르면, 듣는 사람은 말하는 사람의 말을 실제로 5%밖에 알아듣지 못한다고 한다. 이 말은 나와 대화하는 상대방은 내가 하는 말의 95%를 알아듣지 못한다는 것이다. 정말 충격적이고도 놀라운 사실이 아닐 수 없다.

'알려주는 것'과 '알고 있는 것' 이 두 개는 별개의 문제다. 상대방에게 익숙하지 않은 소위 '업계 전문용어'를 피해 꼭 필요한 단어를 중심으로 설명해야 한다. 상대방의 언어를 사용한다는 것은, 단순히 뜻이 쉬운 단어를 쓰는 것의 의미와는 다르다. 이는 나와 대화를 하거나 내 메시지를 듣는 상대방이 어떻게 느끼는가에 대해 깊게 배려하며 말하는 것을 의미한다.

제품과 서비스의 독보적이고 뛰어난 모든 특장점을 고객들에게 전달하고 싶은 사업주의 마음은 필자도 충분히 이해한다. 그러나 그 정보를 받아들여야 하는 고객들은 넘쳐나는 과다정보의 홍수 속에서 이미 멀미가 나고 심지어 토하고 있다. 넘치는 메시지를 고운 체에 걸러 꼭 필요한 메시지만 임팩트 있게 고객의 마음에 심어줘야 한다.

사업주 스스로도 복잡하고 뭐가 많다고 느껴질 정도라면 고객은 더욱 복잡하다. 단순함은 가장 강력한 설득 도구이고, 고객은 그 단순함과 명확함에 움직인다.

05

꽂히는 메시지로 가격 경쟁을 넘어서라

다양한 인턴 생활과 대외활동을 제외한 필자의 첫 정규직 직업은 홍보대행사 AE였다. 일주일에 수십 개의 보도자료, 잡지용 기사, 단신 뉴스 등을 만들어야 했던 홍보대행사에 다니면서 배운 것이 있다. 보도자료는 무조건 두괄식으로 써야 한다는 것이다.

회사에서 아무리 길고 자세한 내용의 보도자료를 기자들에게 발송하더라도 하루에 수십 통의 보도자료 이메일을 받는 기자는 메일 제목을 보고 열어 볼지 말지를 결정한다. 제목이 매력적이라 메일을 열어 보더라도 그 메일을 처음부터 끝까지 꼼꼼히 읽을 것이라는 생각은 버려야 한다. 각종 취재와 기사작성, 매일매일의 마감에 시간이 늘 부족한 기자는 첫눈에 보이는 기사의 제목이나 소제목 및 첫 줄을 보고 쓸지 말지 결정한다.

또한, 첫 문단만 남기더라도 전달하고자 하는 메시지는 다 전달이 되어야 한다. 우리는 한 장이 넘는 보도자료를 보내지만, 신문이나 잡지의 지면은 한정되어 있고 기자들은 끝까지 읽을 시간이 없기 때문이다. 시간이 늘 부족한 기자의 편집시간까지 줄여주는 배려가 필요하다. 바쁜 기자가 급히 채워야 하는 자투리 지면의 기사가 필요할 때 첫 문단만 신더라도 우리가 전달하고자 하는 메시지는 다 전달되어야 하는 것이 바로 보도자료이기 때문이다.

브랜드의 마케팅 메시지도 마찬가지다. 사업주가 전달하는 정보의 처음부터 끝까지 고객이 집중하고 읽을 것이라는 생각을 하면 안 된다. 고객 역시 늘 시간이 없고 세상에서 가장 바쁜 삶을 살고 있다. 브랜드 이름 혹은 단 한 줄의 브랜드 메시지만 읽어도 브랜드가 고객에게 전달하고자 하는 스토리와 브랜드의 핵심 가치가 바로 전달되어야 한다.

브랜드 마케팅 메시지를 정할 때 고려해야 할 가장 중요한 3가지 요소가 있다.

첫째, 간단명료해야 한다. 메시지가 주절주절 길어지는 것만큼 지저분한 것이 없다. 많은 이야기를 담고 싶은 사업주는 한글의 우수성을 실험이라도 하듯 다양한 조사와 형용사 등 끊길 듯 끊기지 않는 길고 긴 문장을 만들어내곤 한다. 뭔가 한 문장으로 만들어야 할 것 같긴 한데, 담고 싶은 내용이 많으니 연결 접속사나 쉼표 등으로 문장을 한없이 늘려버리는 우를 쉽게 범하곤 한다.

문장이 길어질수록 집중력이 떨어지고 그사이 고객은 언제든 떠날 수 있다는 사실을 명심해야 한다. 문장은 최대한 짧고 간결하면서 간단명료하게 만들자.

둘째, 쉽게 이해되어야 한다. 좀 더 직설적으로 말하자면 빠르게 이해가 되어야 한다. 브랜드의 마케팅 메시지를 읽고 이해하는데 이면의 뜻을 유추 해석해야 할 정도의 심오한 뜻이 담겨 있다면 실패한 메시지다. 고객에게 내 브랜드가 어렵게 느껴지게 만들면 안 된다. 초등학생이 읽어도 무슨 뜻인지 읽으면서 바로 이해가 될 수 있을 정도로 쉬운 문장이어야 한다.

메시지를 어렵게 쓴다고 해서 고급스럽거나 명품이 되는 것이 아니다. 누구나 쉽게 한 방에 이해하고, 노력하지 않아도 계속 머리에 맴도는 메시지가 좋은 메시지다.

셋째, 분명해야 한다. 브랜드 메시지는 모호하면 안 된다. 명확하고 분명한 메시지로 누가 읽어도 동일한 의미로 받아들여져야 한다. 읽는 사람이나 상황에 따라 이렇게도 해석이 되고 저렇게도 해석이 되는 메시지는 브랜드를 매력적으로 만드는 데 실패한 것이다. 사업주가 의도적으로 여러 의미로 해석될 수 있도록 일부러 모호하게 메시지를 비틀어 만들 것이 아닌 이상 메시지는 명확해야한다.

명확한 메시지가 주는 힘은 고객이 우리 브랜드에 대해 명확한정의를 내리고 이해하게 만드는 데도 도움이 되지만, 사업주에게도명확한 방향성을 제시해준다.

이 3가지를 생각했다면 메시지의 핵심은 결국 고객의 생존에 도움이 된다는 내용이 담겨야 함을 잊지 말아야 한다. 단순히 내 브랜드나 내 제품 혹은 서비스가 고객에게 있어도 그만, 없어도 그만이라면 내 것을 군이 고객이 사야 할 이유가 없어진다.

생존이라고 표현한 것이 너무 무거워 보이는가? 그렇다면 좀 더가벼운 느낌으로 고객의 고민과 문제를 해결해줄 수 있는 메시지여야 한다는 것을 기억하자. 고객은 직면하고 있는 크고 작은 문제들을 스스로 해결하지 못해 도움의 손길을 찾는다. 이때, 내 제품 혹은 내 서비스가 해결에 큰 도움을 주는 해결사로 나타나 고객이 결국 문제를 물리치고 성취하는 주인공으로 만들어줘야 한다.

'못생겨서 억울한 친환경/유기농 농산물을 정기배송합니다'라는메시지로 단기간에 폭발적인 성장세를 자랑하는 스타트업이 있다.

바로 '어글리어스'라는 신생 정기배송 브랜드의 인스타그램 프로필 문장이다.

필자가 강의자료를 준비하면서 여러 사례들을 찾아보고 수집하다 우연히 발견한 계정이었다. 너무 쉬운 문장으로 되어 있으면서도 이 한 문장에 이 브랜드가 무엇을 하는 브랜드인지 정확하게 와닿았고 필자는 홀린 듯 고객이 되었다.

농산물을 생산해 유통 판매하는 과정에서 실제 소비자가 만나게 되는 농산물은 모양이 예쁘고 색이 선명한 것들이다. 소위 상품성 있는 수확물들만 선별되어 판매되는 것이다. 뿌려진 모든 씨앗이 예쁘고 고르게 자라지 않는다. 그렇다면 그런 농산물들은 어떻게 될까?

상품성이 떨어지는 - 모양이 예쁘지 않거나 유난히 크거나 작은 등 - 농산물은 헐값에 처분되거나 폐기된다. 사람은 과일이나 채소를 고를 땐 당연하게 예쁘고 색이 선명한 제품을 스스럼없이 고른다. 말 그대로 보기에 예쁜 제품이 더 비싸고 고급 상품으로 팔리는 것은 어쩌면 자연스럽다.

필자도 여느 사람과 다르지 않았고, 버려지는 농산물에 대해 단한 번도 깊이 생각해본 적이 없다. 하지만 누군가는 이러한 당연한 유통과정 때문에 멀쩡한 밭을 갈아엎기도, 1년 동안 열심히 쏟아부은 노력을 전혀 보상받지 못한다. 필자가 아닌 누군가 이 당연한 현실에 문제의식을 느꼈고 적극적으로 해결하고자 했다.

동일한 논과 밭에 동일한 노력을 쏟아부었지만, 결과적으로 다양한 상품이 나오는 농사와 유통이라는 구조에서 당연히 발생해 굳어진 오래된 문제를 해결하기 위한 이 메시지는 필자뿐 아니라 많은 사람의 경종을 울렸다. 그리고 그 사람들이 반응했다.

수많은 사람이 팬이 되었고, 과거에는 절대 돈 주고 사 먹지 않을 비상품성 제품을 기꺼이 돈을 주고 사 먹게 되었다. 심지어 상품성이 좀 떨어지는 구성품이라 할지라도 결코 저렴하지 않다. 오히려 친환경 소재의 포장과 다양한 구성의 소포장 정기배송 시스템이라 약간 더 비싼 느낌도 있다.

아이러니하게도 이러한 비합리적인 것 같은 소비는 또 하나의 자랑 포인트가 되었고, 오늘도 평화로운 단톡방에는 어글리어스의 추천인 ID가 공유된다. 이 간단하고 꽂히는 메시지에서 시작된 어글리어스의 브랜딩 이야기는 이들의 미션으로 점점 더 뾰족하고 선명하게 진화하고 있다.

사업주가 만든 메시지가 고객에게 꽂히는 메시지인가, 아닌가를 반드시 점검해봐야 한다. 꽂히는 메시지는 누구든 반복해서 말할 수 있는, 간단하면서도 마음에 와닿는 메시지다. 결코, 무게감 있는 마냥 어려운 문자를 조합해놓은, 소위 있어 보이는 메시지가 아니라는 것이다.

결국, 사업주가 자신의 비즈니스를 고객에게 제대로 어필하고, 판매하는 물건이나 서비스가 고객에게 최종 선택을 받게 하는 힘은 바로 메시지다. 그 메시지 싸움에서 승리한 브랜드가 고객의 선택을 받게 되는 것이다.

메시지를 만들었다면 한번 읽어보고 자가점검을 해보자. '이 메시지는 내 입에서 술술 나오는가? 간단하면서도 마음에 와닿고 반복 가능한가? 이 메시지를 호소력 있는 방법으로 고객에게 전달할 수 있는가?'라고 말이다.

06

방문자 수보다 중요한 것은 전환율

"블로그 상위 노출은 어떻게 하나요?"

"블로그 방문자 수가 하루에 1,000명은 넘어야 하는 것 아닌가요?"

온라인 마케팅 관련 강의나 컨설팅을 하다 보면 비슷한 질문을 많이 받게 된다. 그도 그럴 것이 사업을 시작하게 되어 온라인 마케팅을 좀 하려고 경쟁사의 SNS 채널을 검색하다 보면 상대적인 좌절감과 조바심을 느끼게 된다. 왜냐하면, 이미 잘나가는 내 경쟁사들은 인스타그램 팔로워도 많고, 블로그 이웃도 많은 것 같아 보이기 때문이다.

실제 매출이 얼마나 되는지, 그 많은 팔로워와 이웃 중 진짜 고객은 몇 명이나 있는지를 생각하는 것이 아니라 눈에 보이는 팔로워와 이웃 수, 방문자 수 등을 부러워한다. 이 때문에 단기간에 폭발적인 팔로워 수를 늘리거나 방문자 수를 올려 상위 노출을 노리는 소위 '꼼수'의 유혹에 혹하는 사업주분들이 많다.

이런 질문을 하는 분들에게 묻고 싶다.

"그래서 그 많은 팔로워와 일 방문자 중 실제로 내 비즈니스에 유의미한, 즉 내 고객이 될 확률이 있는 고객은 과연 몇 명이나 될까요?"라고 말이다. 아무리 몇천 몇만의 팔로워가 있다 하더라도 그 팔로워가 돈 주고 구매한 인도의 유령계정들이라면 과연 내 비즈니스에 도움이 될까?

최근 한 4년 차 IT 스타트업의 SNS 채널 운영대행을 맡았다. 실제 운영대행 전 기획을 위해 경쟁사 SNS를 분석했는데 여지없이 허구의 팔로워를 잔뜩 구매한 계정들이었다. 경쟁사들의 인스타그램 계정은 각각 몇천 몇만의 팔로워가 있었는데, 간헐적으로 올라오는 피드에 좋아요나 댓글 반응은 참담한 수준으로 형편없었다.

기본적으로 정상적인 인스타그램 계정의 경우 팔로워 수 대비 적어도 20~30%에서 많게는 50% 정도 반응이 있기 마련이다. 그러나 언급한 사례처럼 1%에도 못 미치는 반응의 계정은 누가 봐도 비정상적인 계정임이 분명하다.

인스타그램이 막 한국에 상륙했던 초창기 시절에는 이러한 '팔로 워 수'나 '좋아요' 부풀리기가 꽤 통하기도 했다. 하지만 인스타그램 은 끊임없이 진화했고, 이러한 꼼수를 절대 용납하지 않을뿐더러 오히려 강경하게 대응한다.

이러한 '꼼수' 활동이 감지되면 초반에는 잘 먹히는 것 같다가도 어느 날 갑자기 피드 노출이 전혀 안 되거나, 심할 때는 힘들게 키 워온 계정이 경고 없이 삭제되기도 한다. 설마 그렇게까지 되겠냐 싶을 수 있지만, 실제로 많은 자영업자가 모여 있는 오픈채팅방에 서는 이런 일들이 생각보다 비일비재하다는 것을 체감할 수 있다.

필자가 지난 11년간 홍보 마케팅 분야에 몸담아온 경험과 많은 자영업 사업주분들과의 컨설팅 및 강의에서도 분명히 말할 수 있는 것 중 하나는 바로 이 부분이다. 일 방문자 수, 팔로워 수, 이웃 수 등 이런 눈에 보이는 숫자보다 중요한 것은 진짜 내 고객이 될 수 있는 소수의 잠재고객이다.

혹자는 마케터는 숫자로 이야기해야 한다고 한다. 필자도 물론 지난 11년간 마케터로 지내왔기 때문에 그 숫자가 매우 중요하다는 것을 알지만, 반면 이 중요한 숫자의 허와 실 또한 그 누구보다 잘 알고 있다. 보고를 위한 숫자는 얼마든지 조작할 수 있다. 단순히 눈에 보이는 숫자가 아닌 내 비즈니스에 진짜 유의미한 숫자가 얼마나 되느냐 하는 것이 더욱 중요하다.

실제로 상위 노출은 돈만 있으면 누구든지 할 수 있다. 대한민국 최대 검색 포털사이트 '네이버'는 네이버 광고시스템을 통해 다양한 가격대의 키워드 상위 노출상품을 판매하고 있고, 그것이 홈페이지로 연결될 수도, 블로그 콘텐츠로 연결될 수도 있다. 내 비즈니스 종류에 따라 각 광고상품의 기준에 맞추기만 하면 얼마든지 노출될 수 있다.

이 상품의 경우, 키워드별 단가는 경쟁입찰을 통해 정해지고, 광고예산을 통으로 걸어놓는 방식이다. 키워드 경쟁 정도에 따라 단가가 천차만별인 것은 둘째치고, 기간을 정해서 예산을 통으로 걸어놓아도 클릭이 많이 일어나면 클릭 수만큼 예산이 빠르게 소진된다는 것이다.

광고를 클릭한 사람이 실제 구매를 하는지 여부와는 상관없이 단순 클릭으로 광고비가 소진되는 시스템이기 때문에 광고비는 광고비대로 나가지만, 매출은 그만큼 일어나지 않는 것은 더 이상 놀라운 일이 아니다.

이러한 단점 때문에 네이버 광고시스템을 통하지 않고 네이버 VIEW 탭의 상위 노출을 원하는 사업주들도 많다. 이 부분도 돈만 있으면 가능하다. 수많은 마케팅 대행사가 사업주와 월 단위 계약을 통해 키워드 하나당 적게는 몇십만 원부터 많게는 몇백만 원까지의 비용을 받고 타인의 블로그에 콘텐츠를 올려 노출해주는 방식으로 진행할 수도 있다.

이 경우, 노출은 빨리 될 수 있고 월 단위 계약이라는 장점 덕분에 계약 기간에는 안정적으로 상위 노출이 일어난다. 하지만 계약이 종료되고 나면 노출은 전혀 일어나지 않으며, 양질의 콘텐츠가 사업주의 계정에 남아 있지 않으므로 사업주는 다시 초조해지고 만다. 매출이 조금이라도 줄어들면 상위 노출이 되지 않아서 그런 것으로 생각하는 지경까지 이르게 된다. 결국, 추가 노출을 위해서는 다시 돈을 써야 하는 마케팅 비용의 굴레에 갇히게 되는 것이다.

바로 눈에 보이는 방문자 수보다 중요한 것은 바로 전환율이다. 내 비즈니스의 상호 혹은 제품명, 서비스명 등을 검색해 내 계정을 찾아 들어온 고객들이 이탈하지 않고 계속 클릭하는 그 수치 말이다. 내 제품과 아무런 상관이 없는 불특정 다수에게 많이 노출되고, 결국 추가적인 클릭이나 구매는 전혀 일어나지 않는 콘텐츠가 아닌, 진짜 내 고객이 될 수 있는 사람을 위한 콘텐츠의 노출이 필요하다.

앞서 언급한 광고를 통해 하나의 잘 만든 콘텐츠가 상위에 노출될 수는 있다. 또 그 광고를 통해 그 콘텐츠를 고객이 클릭해 읽어

볼 수도 있다. 이다음부터가 문제다. 그 콘텐츠를 읽은 고객이 오직 그 콘텐츠만으로 구매를 결정할까? 결코, 아니다.

먼저 접한 콘텐츠가 사업주의 계정에 있는 콘텐츠이고, 그 콘텐츠가 어느 정도 괜찮다고 느낀다면 또 다른 콘텐츠가 궁금할 것이다. 따라서 다른 콘텐츠를 클릭하게 되고, 충분히 필요한 정보와 신뢰가 쌓이고 나서야 구매를 고려하게 된다.

반대로 상위 노출을 통한 타 계정에 노출된 콘텐츠를 만났는데, 어느 정도 신뢰가 생겼다면 또 다른 콘텐츠들을 찾을 것이다. 이 또한 그 과정을 통해 고객의 입장에서 충분한 양의 정보와 신뢰가 쌓여야 한다. 그런 과정을 만족스럽게 반복한 후에야 구매를 고려하게 되는 것이다.

이처럼 사업주는 '고객이 키워드 광고나 상위 노출을 통한 콘텐츠를 만난다고 하더라도 곧바로 구매로 전환되지 않는다'라는 사실을 받아들여야 한다. 이 말은 노출에 돈을 많이 쓴다고 하더라도 그것이 매출로 100% 이어지지 않는다는 뜻이다.

장기적으로 내 비즈니스에 도움이 되는 마케팅을 하기 위해서는 올바른 마케팅 방법을 써야 한다. 편협한 사업주의 입장에서 하고 싶은 이야기 말고, 철저히 고객의 입장에서 필요하고 도움이 되는 이야기가 필요하다. 고객의 관점에서 고객이 원하는 것과 필요한 것을 먼저 이해하고 공감을 얻을 수 있는 노력이 필요하다. 그 노력이 담긴 콘텐츠가 노출되어야 한다.

사업주의 제품이나 서비스를 전혀 모르는 고객이 관심을 가지고 결국 구매를 하기까지 궁금하고 필요한 정보가 무엇인지를 먼저 생각하고, 그 궁금증에 대한 친절한 답을 담은 콘텐츠가 필요하다. 그뿐만 아니라 사업주의 제품 혹은 서비스가 필요해 검색하는 사람들의 검색 과정에서 그 제품이나 서비스 관련 콘텐츠가 노출되고, 그 콘텐츠를 통해 사업주의 진정성과 신뢰감이 느껴지고 나아가 공감을 할 수 있게 된다면 어떤 변화가 생길까?

사업을 본격적으로 시작하게 되면 순간적으로 엄청난 숫자의 지름길 유혹에 흔들릴 수 있다. 조금은 느리지만 유효하고, 진짜 사업주의 비즈니스 자산과 찐 고객이 되는 방향으로 끈질기게 나아가야 한다. 얄팍한 상술과 허황된 숫자에 놀아나지 말고 진짜 고객이 원하는 제품이나 서비스를 제공하고 있는가에 대해 긍정의 대답을 할 수 있는지 스스로 점검해봐야 한다.

07

고객이 혹하는 마케팅은 따로 있다

프리랜서 마케터이자 마케팅 강사로 살아가면 생각보다 꽤 다양한 사업주들을 만나게 된다. 회사 안에서 인하우스 브랜드 마케터로 일을 할 때는 결코 몰랐을 분야에 대해서 컨설팅 요청을 받게 되는 경우도 허다하다. 나를 열심히 검색해 컨설팅을 받기 위해 찾아온 고객이기 때문에 최대한 필요한 도움을 주기 위해 사전 조사와 분석을 많이 하는 편이다.

조사가 어려운 분야일 경우에는 아는 인맥을 총동원하기도 한다. 다양한 취미 덕분인지 인복이 괜찮은 터라 필자의 주변에는 정말 다양한 종류의 직업을 가진 사람들이 많다. 이러한 조사의 시간을 거치면서 더욱 다양한 비즈니스와 그 비즈니스를 위한 마케팅의 방향성에 대해 고민하고 논의하며 정리해볼 수 있어 개인적으로 좋아하는 시간이다.

1:1 컨설팅 의뢰는 필자의 카카오 채널 톡을 통해 메시지로 이뤄지는 경우가 많다. 지금까지 온라인 컨설팅을 받았던 비즈니스 중 개인적으로 가장 특별한 사례를 나눠보고자 한다.

"저는 최근 동성 커플 매칭 서비스 사이트를 오픈했습니다. …(중략)… 홍보만 제대로 된다면 꽤 괜찮은 사업이라고 생각합니다. 제가 한 홍보는 …(중략)… 결제까지 도달하지 못했습니다. 이러한 문제점에 대해서도 상의를 드리고 싶고, 사업 분야가 아무래도 어디 찾기도 힘든 분야라 마케팅을 1:1로 직접 상담받고 싶습니다."

컨설팅을 의뢰받고, 미팅 일정을 정한 뒤 컨설팅을 의뢰한 비즈니스를 미리 스터디하기 위한 자료를 요청해 받았다. 하지만 사업주가 보내준 자료를 토대로 해당 회사와 비즈니스를 분석해본 결과, 잠정 고객의 입장에서 굳이 돈을 주고 이 서비스를 이용해야 할 이유를 느끼지 못할 것 같은 사업상태였다.

갓 창업한 이 사업주는 들어오는 문의 대비 구매전환이 이뤄지지 않은 부분에 대한 포인트로 컨설팅을 의뢰했지만, 분석 결과 이 비즈니스는 전반적으로 다시 세팅이 필요한 단계라고 판단됐다.

아무래도 불특정 다수를 대상으로 하는 사업이 아니었기 때문에 사전 시장 조사에 더욱 시간과 노력을 할애했다. 실제로 이 비즈니스의 서비스를 이용할 가능성이 있는 잠정 고객에게 매력적인 아이템인지, 돈을 쓸 가치가 있는 상품인지의 점검을 위한 사전 조사를 최우선으로 두고 프로젝트를 진행했다.

내 비즈니스 아이템의 명확한 정체성과 내 고객에게 줄 수 있는 가치와 혜택이 확실하지 않은 상태에서 우선 비즈니스를 시작했다 하더라도 이 시기는 매출을 위한 마케팅을 고민할 단계가 아니다. 다시금 원점으로 돌아가 내 비즈니스 자체를 다시 들여다보고 정확한 고객을 정했는지, 그 고객에게 가치와 혜택을 전달할 수 있는 상품인지 아닌지를 객관적으로 판단해야 한다.

이 세상에 전혀 새로운 서비스나 제품은 없다. 사업주가 팔고 싶은 상품이나 서비스 그 자체에 나만의 차별점을 주기 위해서는 새로운 서비스나 제품을 만들어내는 것 그 이상의 노력이 반드시 필요하다. 좀 더 쉽게 접근해보자면 현존하는 기존 서비스 혹은 제품에서 기존 고객들이 느끼는 불편함이나 부족한 부분을 찾아내고, 그 부분을 해결해줄 수 있는 방향으로 내 제품이나 서비스의 개발 방향으로 잡아야 한다.

나아가 A의 장점과 B의 장점을 합치고 이 둘의 단점을 제거한 서비스나 제품을 세상에 내놓는다면, 분명 그 시장을 이용하려는 고객들이 만족할 수 있는 제품 혹은 서비스가 탄생할 수 있다. 이는 충분한 사전 조사, 고객 분석 및 벤치마킹 등의 노력 없이는 결코 얻을 수 없다.

이렇게 탄생한 제품이나 서비스는 고객 입장에서 지불하는 가치와 그 가치에 따라 받을 수 있는 혜택에 대해 명확하고 구체적이고 직관적으로 이해할 수 있도록 시각화되어 있어야 한다.

사업주가 아무리 좋은 제품이나 서비스를 만들어놓았다 하더라도 이 제품이나 서비스를 이용하고자 하는 고객이 검색해 찾아왔을 때, 사업주가 제공하는 제품이나 서비스가 무엇인지 제대로 감조차 잡을 수 없는 상황이라면 고객은 절대 구매 버튼을 누를 수 없을 것이다. 사업주는 내 비즈니스에 대해 이미 오랜 기간 연구하고 되뇌고 하다 보니 내 제품이나 서비스의 특장점과 경쟁사와의 차별점, 이 제품이나 서비스가 주는 혜택 등을 눈 감고도 술술 말할 수 있다.

하지만 고객도 과연 그럴까? 나름의 복잡한 검색의 과정을 통해서 혹은 우연한 클릭으로 내 비즈니스의 제품이나 서비스를 소개하는 페이지를 만나게 됐을 때 고객이 제공받을 제품이나 서비스에 대한 설명과 혜택이 한눈에 명확하게 이해가 될 수 있어야 한다.

사업주가 정리해놓은 페이지 하나만 보면 이 사업주가 운영하는 비즈니스가 어떤 것인지, 고객으로서 구매하게 될 제품이나 서비스가 어떤 것인지 더 이상 추가 질문이 나올 수 없도록 깔끔하게 정리되어 있어야 한다. 단순한 특장점의 나열이 아닌 고객이 한 번에 이해할 수 있게 정리했다는 사업주의 의도가 정확히 담긴 정리를 해놓아야 한다. 이 정리에 필요한 것은 사업주의 언어가 아닌 고객이 사용하는 고객의 언어라는 점을 절대 잊어서는 안 된다.

사업주에게는 내 비즈니스의 제품이 혹은 서비스가 제일 중요하다. 이 때문에 대부분 고민의 출발점은 내 비즈니스가 되는 것이 어쩌면 당연한 수순일 것이다. '내 제품과 서비스를 어떻게 고객에게 알릴 것인가? 내 제품의 특장점을 어떻게 잘 드러낼 것인가? 내 제품을 얼마나 팔 수 있을 것인가?' 등 주어가 모두 내 제품, 내 서비스다.

하지만 고객은 사업주의 제품을 사기 위해 내 비즈니스를 찾지 않는다. 내 제품이나 서비스가 잘 팔리고 안 팔리는 것은 전적으로 사업주의 걱정일 뿐, 고객의 관심사는 전혀 아니다. 사업주가 오직 내 비즈니스, 내 제품, 내 서비스에만 관심이 곤두서 있는 것과 마찬가지로 고객은 고객 자신, 자신이 원하는 것, 고객이 필요한 것에만 관심이 있다.

고객이 내 비즈니스나 서비스를 검색해 찾아오는 이유는 고객에게 필요했기 때문이다. 따라서 사업주는 주어를 바꿔야 한다. 사업주가 아닌 제품이나 서비스를 이용할 고객의 입장에서 상품을 기획하고 마케팅을 고민해야 한다.

　제품을 어떻게 포장해서 잘 알리고 잘 팔 것인가에 대한 고민이 아닌, '내 고객이 무엇이 필요하고 어떤 문제가 있을까? 그 문제를 내가 어떻게 해결해 고객의 고민을 덜어주고 행복감을 줄 수 있을까?'로부터 상품 기획이나 서비스 기획이 시작되어야 한다는 것이다.

　제품이나 서비스의 기획 단계에서는 고객을 제외하고 우선 제품과 서비스를 만든 다음 고객을 끼워 넣으려고 하면 억지스러울 뿐 아니라 고객의 마음에도 와닿지 않는다. 비즈니스의 아이템을 구상할 때부터 고객을 최우선으로 생각해야 한다. 고객의 시간을 아껴주기 위해, 혹은 고객의 가진 고민을 진심으로 해결해주고 행복을 바라는 사명감을 바탕으로 아이템을 구상하고 서비스를 고민한다면 분명히 고객의 마음에 와닿을 수 있을 것이다.

　고객이 혹하는 마케팅은 엄청 휘황찬란하거나 번쩍번쩍하고 독특한 그런 마케팅이 아니다. 철저히 고객 입장에서 고객의 성공과 행복을 진심으로 바라는 브랜드의 진심 어린 메시지가 담기고, 그것이 고객에게 느껴지는 마케팅이 바로 고객이 혹하게 되는 마케팅이다.

　이 진심 어린 메시지는 단순히 마케팅용 메시지가 아닌 비즈니스의 본질인 사업주의 제품이나 서비스 그 자체여야 한다. 이 비즈니스의 제품이 혹은 서비스가 나만을 위해 내가 평소에 고민하던 부분을 시원하게 긁어 해결해줄 수 있는 것이라는 것이 확실하게 느껴진다면 고객은 다른 것을 선택할 이유가 없다.

제품 혹은 서비스의 시작이 사업주 본인이었는지, 고객이었는지를 곰곰이 생각해보자. 고객이 혹하는 마케팅은 고객이 혹할 만한 본질에서부터 시작한다.

PART 3

브랜드 지능을 높이면 마케팅이 쉬워진다

01

브랜드 지능을 높이면 마케팅이 쉬워진다

온라인 마케팅 관련 강의를 하다 보니 여러 단체에서 강의 요청이 들어오곤 한다. 사실 가장 많이 오는 강의주제는 주로 SNS 마케팅 실무에 관한 강의다. 인스타그램, 페이스북, 블로그, 카카오 채널, 스마트스토어 등 여러 가지 SNS 플랫폼을 어떻게 활용할 수 있을지에 대한 방법론적인 강의 말이다. 기관의 담당자만 이런 기능적인 강의를 요청하는 것이 아니다.

강의를 듣는 수강생들의 요청이 이런 실무적인 부분이다 보니 강의를 주최하는 기관에서도 그런 강의를 요청하게 된 것은 당연하다. 하지만 필자는 웬만하면 처음 강의하는 기관에서 실무적인 강의를 요청한다고 해서 무턱대고 진행하겠다고 답변하지 않는다.

강의를 들으시는 분들이 어떤 분들인지, 본인이 운영하는 비즈니스의 브랜드에 대해 얼마나 이해하고 있는지, 어떤 방식으로 운영하고 있는지 생각보다 자세하게 물어보는 편이다. 그러한 사전인터뷰를 통해 '사업주가 반드시 알아야 하는 브랜딩 전략'으로 강의 주제가 바뀌는 경우가 많다.

'어떻게 마케팅을 하지? 어떻게 매출을 올리지?'

강의나 컨설팅을 통해 만나는 사업주 혹은 수강생들의 대부분은 이러한 공통적인 질문을 한다. 이 부분을 해결하기 위해 SNS 플랫폼을 배우려고 찾아오는 분들이 대부분이다. 사실 SNS 플랫폼은 말 그대로 플랫폼, 즉 수단일 뿐이다. 이 다양한 플랫폼에 어떤 콘텐츠를 싣느냐, 혹은 그 콘텐츠가 어떤 가치를 가지고 있느냐가 더 중요한 부분인데, 실제로 사업주나 수강생들은 기술적인 부분에 초점을 맞추고 있다.

모든 마케팅 활동에 가장 선행되어야 할 부분은 플랫폼이 아닌 브랜딩이다. 조금 더 풀어서 이야기하자면 사업주 혹은 내 비즈니스가 내 고객들에게 줄 수 있는 핵심 가치가 무엇이냐 하는 것이다.

핵심 가치? 그게 무엇인지 궁금할 것이다.

사업주가 어떤 비즈니스를 시작할 때, 혹은 사업주 본인이 살아온 삶과 그 삶의 과정에서 겪은 다양한 경험들은 모두 사업주 자신만의 자산이다. 사람은 모두가 다른 개인이다. 각자의 인생에서 주인공은 나 자신이라는 말이다. 자신을 사랑하지 않거나 자신의 삶에 대해 자랑스러워하지 않는다면 그 누구도 나를 사랑해줄 수 없다.

"나는 뭐 특별한 게 없는데요?"

그 특별함의 기준은 무엇인가? 누가 세운 잣대에 특별한 정도를 결정하는가? 이 세상에 더 이상 독보적으로 튀고 특별한 것은 없다. 하지만 우리는 모두 각자가 다른 사람이며 자기만의 스토리와 경험을 가지고 살아왔다. 그 자체가 특별함이고 나만이 가지게 된 유일함이다.

사업주 스스로 본인의 삶을 가만히 들여다보고 정리해보라. 분명 나만의 이야기와 스토리가 있다. 그것이 나만의 브랜딩을 시작하는 첫 단계다. 수많은 컨설팅과 강의를 통해 사업주를 만나면서 가장 안타까웠던 것이 바로 이 부분이다.

많은 사업주들은 이미 본인의 스토리와 특별함을 가지고 있는데 스스로가 그 부분을 잘 모르고 있다. 사업주의 특별함은 본인이 걸어온 세월과 이 사업을 위해 노력했던 시간에 고스란히 녹아들어 내면에 단단히 가지고 있음에도 불구하고, 그 특별함을 자꾸 외부에서 찾는다. 당연히 특별함이 안 보일 수밖에 없다. 사업주의 특별함과 브랜드는 외부에서 찾아지는 것이 아니라 사업주의 내면과 걸어온 길을 통해 밖으로 꺼내어지는 것이다.

한 분야의 전문가는 이미 그 분야에 오래 몸담았고 당연하게 여기는 절차나 현상들을 당연한 것으로 생각하며 전혀 특별하게 여기지 않는다. 하지만 그 분야를 전혀 모르는 고객의 입장에서 보면, 그것들 하나하나가 매우 특별함으로 다가올 수 있다는 것을 기억해야 한다.

과연 브랜딩이란 무엇인가?

브랜딩은 보통의 것을 특별하게 만드는 것, 평범한 것을 특별하게 만드는 것이다. 평범한 삶을 살았다? 그럼 그 평범함 속에서 '사업주인 내가 고객인 당신에게 줄 수 있는 가치는 무엇인데? 내 브랜드가 이야기하고자 하는 것은 무엇인데?' 하는 질문에 답할 수 있어야 한다.

나만의 이야기, 나만의 스토리를 발굴해 정리하고 그 스토리를 콘텐츠로 풀어내는 것이 중요하다. 사업주가 살아온 삶, 바로 거기에서부터 사업주의 스토리, 사업주만의 브랜딩이 시작된다.

우리나라 사람들은 이야기를 듣고 함께 나누는 것을 좋아한다. 친구들과 몇 시간 동안 이야기하다 헤어지면서 못 한 이야기는 전화로 하자고 하며 헤어지는 장면은 특이한 장면도 아니다. 유난스럽게 튀는 사람의 이야기는 반짝 흥미를 끌 수는 있겠지만, 마음 깊이 공감이 되기는 어렵다.

'저 사람은 특이해서 저렇지! 나와는 다르네!'라고 생각하면 내가 판매하는 가치도 나와 동떨어진 것처럼 느껴지기 때문이다. 오히려 사람들에게는 평범하고 친근한 이야기가 더 공감을 일으킬 수 있다. 실제로 고객의 지갑이 열리는 포인트는 공감에서 얻어지는 소소한 특별함이 느껴질 때다. 나만의 스토리를 찾고 그 속에서 나만의 정체성이자 **핵심 가치**를 찾아가는 과정이 브랜딩에서 제일 중요하다.

그다음 필요한 것이 **시각화**다. 세상에 나와 똑같은 사람은 없다. 시각화하는 과정에서 가장 중요한 것은 나 자신에게 가장 잘 맞고 내가 좋아하는 것이 첫 번째 기준이 된다. '남이 나를 어떻게 생각할까, 어떻게 시작해야 할까, 경쟁사는 어떻게 하고 있을까'를 참고하는 것은 좋지만 가장 중요한 것을 잊지 말아야 한다.

사업주 스스로가 자존감 높은 브랜드를 만들어야 한다. 지금 내가 보고 있는 소위 잘나가는 브랜드들도 미숙했던 초기가 있었고, 고군분투하던 브랜딩 시기를 지나 지금의 잘나가는 모습이 된 것이다. 모든 기업은 초기가 있기 마련이고 이 과정들은 나만 겪는 과정이 아닌 모두가 겪는 과정이라는 것을 기억해야 한다.

내 비즈니스에 대한 브랜딩 메시지를 고민하고 브랜딩 가치의 시각화를 어떻게 해야 할 것인가를 고민하는 단계는 시간이 오래

걸리기도 하지만 결코 빠뜨릴 수 없는 가장 중요한 단계다. 이 과정이 있어야 비즈니스의 정체성이 결정되고 앞으로 확장할 마케팅 활동에 있어 기본 뼈대이자 씨앗이 되기 때문이다.

핵심 가치를 담은 브랜드 메시지가 명확하지 않으면 이후에 행하게 될 다양한 활동들이 일관성이 없어질 수 있다. 튼튼한 씨앗에서 튼튼한 나무가 자라듯이 한 브랜드가 제대로 자리 잡고 건강한 성장을 하기 위해서는 그 핵심이 되는 브랜드 메시지가 옹골지고 흔들림 없는 분명한 메시지로 표현될 수 있어야 한다.

사업주도 사람이며 비즈니스는 선택의 연속이다. 사업을 운영하다 보면 예상치 못한 여러 가지 외부 상황에 노출되기도 하고 그 상황들에 따라 선택해야 할 방향성이 흔들리게 되기도 한다. 이런 상황에서 사업주가 크게 흔들리느냐, 아니면 흔들리지 않고 꿋꿋하게 진행하느냐를 가늠해볼 수 있는 부분이 바로 이 브랜드 메시지인 핵심 가치가 있는지, 있다면 명확한지의 여부다.

한 브랜드의 핵심 가치를 담은 브랜드 메시지가 명확하다면 과정에 있어서 그 어떤 풍파를 겪더라도 결국에는 사업주가 지향하는 핵심 가치를 담은 메시지의 방향성대로 건강하게 성장할 수 있을 것이다. 그래서 이 과정은 그 어떤 마케팅 활동보다 중요하며 충분한 시간을 가지고 고민을 해야 한다.

다음 과정이 **콘텐츠**에 대한 고민이다. 브랜드 가치관이 정립되고 어떻게 시각화할 것인가에 대한 고민을 통해 내 기준에 따른 브랜딩의 토대가 마련된다면 이제 내 콘텐츠를 올릴 플랫폼과 그 플랫폼에 맞는 콘텐츠에 대한 고민이 필요한 것이다. 실제로 플랫폼 실무에 대한 고민은 이렇게 브랜딩과 시각화에 대한 고민의 시간을 충분히 거쳐 나만의 브랜드 메시지와 시각화 방법을 찾고 난 뒤 해도 전혀 늦지 않다.

이때, 필요한 콘텐츠는 인간적이고 진솔한 콘텐츠로부터 출발하길 권한다. 담백한 내 모습, 내 브랜드의 모습 말이다. 그 담담하고 진솔한 모습에서 고객은 진정성을 느끼고 공감을 느껴 결국엔 내 브랜드를 지지하고 좋아하는 진정한 팬이 되어 줄 것이다.

이러한 브랜딩 작업이 선행된 이후 이뤄져야 하는 작업이 바로 홍보와 마케팅이다. 사업주가 힘들게 만든 나만의 브랜드를 세상에 알리는 일 말이다. 그럴 때 사용되는 것들이 다양한 온라인 SNS 플랫폼이다.

그것이 비즈니스의 성격에 따라 인스타그램이 될 수도, 네이버 블로그가 될 수도 혹은 유튜브나 숏폼 형태의 동영상 플랫폼이 될 수도 있다. 모든 플랫폼을 동시에 다 터뜨릴 수는 없다. 사업주의 성향 혹은 내 비즈니스에 가장 잘 맞고 특히 사업주가 재미있게 꾸준히 운영할 수 있는 플랫폼 딱 하나를 선택해서 진정성 있는 콘텐츠와 함께 키워나가야 한다.

02
브랜드 정체성, 자기다움이 핵심이다

　흔히 사업주의 브랜드 정체성을 끌어내기 위한 컨설팅을 하다 보면 많은 사업주가 본인의 비즈니스와 사업주 개인을 전혀 다른 별개의 객체로 생각하곤 한다. 나는 나고 내 비즈니스는 비즈니스라는 마인드로 생각하기 때문이다. 내 비즈니스 자체를 그저 돈벌이 수단으로만 생각한다면 그렇게 생각할 수도 있다. 비즈니스의 시작 자체가 아예 나와 분리된 전혀 새로운 영역의 사업이라면 다른 전략을 찾아야 할 것이다.

　필자가 다루고 싶은 브랜드 정체성은 사업주의 역사와 가치가 담긴 브랜드다. 브랜딩의 본질은 사업주의 내면에서 꺼내어지는 것이라고 언급했다. 내 브랜드의 정체성을 찾아가는 길은 내 것을 진정으로 파악하고 나답지 않은 모든 것을 덜어내는 것으로부터 시작할 수 있다. 나다움이라는 것은 사업주 스스로가 본인 자신을 알아가는 과정으로 내가 나인 이유를 발견하고 나다운 방법을 통해 나만의 가치를 확인해 자기다운 브랜드의 토대를 만들어내야 한다.

자기다움 그 자체로 내 브랜드의 정체성을 정립하는 것이야말로 사업주 본인의 철학과 본질이 고스란히 담긴 나만의 특별한 브랜드가 된다. 이제 그 과정을 함께 이야기해보자.

내 브랜드의 정체성을 고민한다면 사업주 스스로가 본인에 관한 탐구의 시간이 절대적으로 필요하다. 내가 세상에 존재하는 이유를 시작으로 나를 표현하고 내가 좋아하는 것들에 대한 충분한 고민과 고찰의 시간이 필요하다. 나에 대해 잘 알고 잘 파악하는 것으로부터 나다움을 찾아갈 수 있기 때문이다.

내가 세상에 존재하는 이유에 대해 한 번도 생각해보지 않았다면 이번 기회에 꼭 한번 진지하게 생각하고 기록해보기를 추천한다. 이 세상이 나에게 준 특별한 메시지이자 나 자신의 존재 이유는 우리에게 방향성을 준다.

개개인에게는 각자의 자기다움이 있고 수많은 단어로 나 자신을 표현할 수 있다. 그것이 이름이 될 수도, 나이가 될 수도, 성별, 인종, 사회적 지위 등이 될 수도 있다. 여러 가지 단어 중 단 하나의 단어만을 골라 나를 진짜 나답게 표현해보자.

이 작업에서 중요한 것은 단어들을 더하는 것이 아닌 덜어내는 것에 집중해야 한다는 것이다. 하나씩 덜어내 마지막으로 남은 한 단어가 나를 표현하는 가장 적절한 단어가 되는 것이며 나 스스로 그 단어를 소중히 지켜야 한다.

사업주의 입장에서 자기다움을 고민하기 이전에 고객으로서 자기다움을 고민해보자. 사업주가 고객으로서 어떤 브랜드에 끌리는지 생각하다 보면 나라는 브랜드를 조금 더 쉽게 파악할 수 있다. 이 과정을 취향이라 한다. 한 개인의 취향은 많은 경험과 고민 그리고 그 과정에서 마주한 수많은 선택과 판단을 통해 정해진다.

내가 끌리는 브랜드와 그 이유를 스스로 되물어보자. 과연 나는 어떤 브랜드를 좋아하고 사랑하는가? 내가 좋아하는 브랜드, 추천해달라는 지인의 요청을 들었을 때 딱 떠오르는 브랜드, 언제나 일순위로 손이 가는 브랜드 등 다양한 브랜드가 내 삶에 함께하고 있을 것이다. 평소에 깊게 생각해보지 못했던 내 취향의 이유와 그 사용법의 패턴 등을 곰곰이 생각하고 적어보며 나의 취향을 정의해보자.

모두의 삶에 당연한 것은 아무것도 없다. 한 개인이 각자의 삶에 주체적인 주인으로서 본인만의 꿈을 꾸고 그 꿈을 위한 삶을 살아내고 꿈을 현실로 이루기 위한 노력을 하는 것, 이 모든 것은 당연하지 않다. 내 의지가 아닌 내 삶을 시작하게 된 시점에서부터 지금 현재의 내가 되기까지 수많은 시간 속의 잔잔한 점들을 이어본다면, 앞으로 내가 살아가게 될 미래의 방향성 또한 더욱 쉽게 찾을 수 있다.

그러기 위해선 당연한 것을 당연하게 받아들이지 말고 지금의 나를 이룬 내 점들을 자세히 살펴보고 미래를 위한 걸음걸음을 유지할 끈기와 꾸준함 그리고 본인 스스로에 대한 굳은 믿음을 가져야 한다. 내 브랜드의 정체성은 단단한 내면에서 만들어지기 때문이다.

어떤 일이 있어도 지키고 싶은 소중한 것이 있다. 그것이 가족일 수도, 친구일 수도, 신념일 수도, 가치일 수도, 꿈일 수도, 무형의 어떤 것일 수도 혹은 유형의 어떤 것일 수 있다. 스스로가 어떤 일이 있어도 지키고 싶은 단 하나, 그것은 결국 자기다움의 핵심 가치와 맞닿아 있다.

10년 후의 내 모습에 대해 생각해본 적이 있는가? 브랜딩은 나 스스로가 어디로 가고 싶은지를 명확히 대답하는 것으로 시작된다. 혹자는 이것을 '비전'이라 부른다. 나 개인의 비전은 내 비즈니스의 비전과 결을 달리할 수 없으며 그 비전을 향해 꿈을 꾸고 앞으로 나아가며 성장한다.

이 비전의 끝은 결국 나 자신의 행복을 위한 여정 중 만나게 되는 가치다. 나 스스로가 나 자신을 사랑하는 데에는 특별한 이유가 필요하지 않다. 그저 '나'이기 때문에 나를 사랑할 수 있다. 그런데도 우리는 항상 조건부 사랑을 하는 경향이 있다.

이 비즈니스가 성공하면, 좀 더 상황이 나아지면, 좀 더 매출이 오르면 그때가 되어서야 행복할 것이라고 현재의 나 자신에게 가혹한 채찍질을 한다. 자기다움을 찾아가는 여정에 있어 제일 중요한 것은 나라는 존재가 다른 사람보다 잘나고 멋지고 성공하고 아름다운 것이 아니다. 정말 나다운 템포로 나다운 결을 가지고 하루하루를 살아가며 내 본연의 컬러를 찾아가는 과정이다.

아무런 조건 없이도 나 자신을 마주 보고 나를 사랑할 수 있어야 진정 나다운 내 모습을 찾을 수 있고 나만의 핵심 가치가 되는 씨앗을 발견할 수 있다.

모두에게 똑같은 처음과 끝이 분명한 인생이라는 길이 주어지지만, 그 누구도 똑같은 경험을 하지 않는다. 날마다 최선을 다해 살아가면서도 내가 이 세상에 왜 존재하는지 망각하며 살아가기도 한다. 하지만 분명한 것은 우리 모두는 각자 존재 이유가 있고, 이를 깨닫기 위해 인생이라는 길을 끊임없이 걸어가야 한다.

브랜드라는 것도 마찬가지다. 내 브랜드의 존재 이유는 어느 누구와도 똑같지 않은 나의 진정성이 담긴 스토리가 되어야 한다. 자연스럽고 남과는 다른 나다움을 간직한 나만의 길이자 나만의 가치 말이다.

나만의 가치는 내가 느끼는 것도 물론 중요하지만, 내가 아닌 고객이 나만큼 중요하다고 느낄 만큼의 가치여야 참된 가치라고 할 수 있다. 나에게 아무리 소중하고 중요한 가치라 하더라도 남에게 똑같이 소중하거나 중요한 가치라고 강요할 수는 없기 때문이다.

어떤 이는 뇌의 각성을 위한 카페인 보충을 위해 카페에 가지만, 누군가는 함께 있는 분위기의 따뜻함을 느끼고자 같은 공간을 찾기도 한다. 한 물건이나 서비스가 사람들에게 제공할 수 있는 가치는 단순히 실용적인 기능적 측면을 떠나 감성적인 마음으로도 느낄 수 있다.

인간은 지극히 사회적 동물이다. 사회와 관계를 통해 스스로 존재의 의미를 부여받기도 또는 의미를 부여하기도 한다. 일방통행이 아닌 서로 주고받으며 존재하는 사회에서 과연 나는 어떤 역할을 하며 어떤 영향을 줄 것인지, 나 혹은 내 브랜드가 중요시하는 사회적 가치는 무엇인지 나다운 방법으로 고민하고 브랜딩에 담아야 한다.

자, 이제 사업주 스스로 나라는 사람을 한 단어로 표현하고 그 단어가 주는 힘과 가능성을 믿어보자. 명사를 활용해 자기다움의 본질을 명확히 찾고, 적절한 형용사를 찾아 남다른 특별함을 더해 보자.

나 스스로 나를 정의하고 내가 어떤 주체로서 인생을 살아가는 지 명확히 한다면 나의 방향성과 나아가 내 브랜드의 방향성을 더욱 명확하게 만들 수 있다. 한 개인의 인생에서 유일무이한 특별함을 찾는다면 바로 그 개인의 삶이다. 그래서 브랜딩에 있어서도 가장 중요한 질문은 나 개인만의 세상을 찾는 것이다.

한 개인의 삶은 오롯이 그 개인만의 것이다. 그 누구도 본인만큼 알 수 없고, 본인이 아닌 다른 이의 책임이 없을 뿐 아니라 본인만이 그 누구보다 본인의 삶에 집중한다. 그렇기에 나다운 삶, 나만의 세상을 통해 나만의 브랜드가 만들어진다.

더 이상 타인의 시선이나 타인의 삶의 기준에 나를 맞추지 마라. 다른 이의 기준에서 나만의 세상을 훼손시키지 마라. 그저 나답게, 이미 내 안에 존재하는 자기다움을 바라보고 세상에 꺼내놓아 보자.

엄청나게 크거나 대단하진 않지만, 절대 작지 않고 유의미한 한 걸음.

바로 이 걸음에서부터 자기다움이 오롯이 담긴 내 브랜드 정체성, 내 브랜드의 시작이다.

03

차별화된 메시지로 고객을 설득하라

"저는 부산에서 1남 1녀 중 첫째로 태어나 어려서부터 화목한 가정에서 많은 사랑을 받으며 자랐습니다."

어딘가 익숙한 냄새가 나는 문장이다. 크게 다를 바 없는 환경과 의무 교과과정을 겪은 대한민국의 취업준비생 혹은 대학교 수험생이 작성했을 법한 지극히 평범한 자기소개서의 시작이다. 물론 요즘에는 이 정도까지는 아니라고들 하지만, 여전히 비슷한 키워드와 장단점의 나열 구조가 비슷한 자기소개서가 넘쳐난다고 한다.

이러한 이유로 남보다 튀는 자기소개서를 작성하기 위해 코칭을 받거나 첨삭을 받는 지원자들도 늘고 있다. 수많은 지원자가 작성하는 동일한 포맷의 자기소개서 중에 나를 돋보이게 할 수 있는 부분은 다름 아닌 첫 문장이다. 첫 문장을 읽었을 때 계속 읽고 싶은 글인지 아닌지가 판단되는 것이다.

필자가 취업준비생일 때 사용했던 자기소개서의 첫 문장은 다음과 같다.

'《너의 무대를 세계로 옮겨라!》는 제 인생의 모토이자 존경하는 롤 모델의 책 제목입니다.'

개인적으로 아주 마음에 드는 자기소개서의 시작이다. 필자가 지원했던 분야는 대부분 외국계 회사의 마케팅팀으로 실제 글로벌한 업무를 하기 원했던 지원자로서의 진심과 포부를 보여주는 카피라고 생각한다.

실제로 이 자기소개서는 필자가 직장생활을 하며 이직을 하던 시기에도 꾸준히 써 왔던 첫 줄이다. 이 문장은 그저 회사에 입사하기 위한 이목을 끄는 한 줄이 아닌 내가 지원하는 회사와 업무 및 앞으로의 각오에 대한 메시지가 모두 담긴 필자를 가장 잘 설명하는 한 줄이었다.

이를 비즈니스에 대입시켜 본다면 필자가 판매하고자 했던 상품은 바로 나 자신이었다. 나를 구매하고자 하는 고객을 굉장히 좁게 타깃팅했고(외국계 기업 마케터), 그 고객에게 상품의 본질과 차별성을 동시에 전달할 수 있는 한 줄 메시지를 만들어 나를 소개했다. 그것이 내 고객이 찾고 있던 니즈에 부합했고, 이 한 줄을 시작으로 '나'

라는 상품에 대한 특장점과 왜 나를 선택해야 하는지에 대한 이유에 관해 설명해 나갔다.

중요한 것은 이 한 줄 뒤에 따라오는 설명은 반드시 첫 문장과 연관성이 있어야 하고, 그 첫 문장을 부연 설명할 수 있는 서포트 문장으로 구성되어야 한다는 것이다. 첫 문장이 매력적이라 자기소개서를 계속 읽기 시작했는데 전혀 동떨어진 설명을 하고 있다면 이미 읽기 시작한 고객도 곧 흥미를 잃어버리고 말 것이다.

비즈니스에 있어서 마케팅 메시지도 크게 다르지 않다. 내 비즈니스를 구매할 고객을 명확히 타깃팅한 뒤 그 고객의 니즈를 충족시켜줄 수 있는 나만의 차별화된 메시지가 필요하다. 가장 선행되어야 할 것은 내 메시지를 읽을 고객이 누구인지 먼저 정하는 것이다. 그런 다음 절대적으로 명확하고 간결해야 하며 쉬운 나만의 브랜딩 메시지를 뽑아내야 한다. 이 메시지는 내 비즈니스의 핵심 가치가 담겨 있어야 하며, 장기적으로 지향할 비전이 담긴 메시지여야 한다.

자영업 사업주들의 온라인 마케팅과 브랜딩을 컨설팅하면서 가장 많은 시간과 공을 들이는 부분이 바로 이 브랜딩 메시지를 뽑아내는 과정이다. 실제로 영세한 자영업 사업주든, 중견 스타트업 기업이든 이렇게 명확한 브랜딩 메시지를 가지고 있는 곳을 만난 적이 거의 없다. 대부분 명확한 브랜딩 메시지를 정립하지 않은 상태에서 매출을 위한 마케팅이나 홍보를 진행했다. 그랬기 때문에 일련의 마케팅 과정이 힘들고 원하는 결과를 얻기도 힘들었을 것이다. 그렇게 우왕좌왕하다 결국에는 필자에게 SOS 요청을 하게 되지 않았을까 싶다.

성공적인 마케팅 전략을 세우고 그 전략에 따른 성공적인 결과를 얻어내는 과정에는 단 한 줄의 브랜딩 메시지만 필요한 것이 아니다. 브랜딩 메시지는 그야말로 훗날 탐스러운 과실을 얻기 위한 건강한 씨앗일 뿐 이 씨앗을 잘 키워내는 동안 다양한 메시지와 시도가 수반된다. 따라서 향후 과실의 성공 여부를 결정짓는 씨앗이 되는 브랜딩 메시지가 더욱 중요한 것이다.

이 브랜딩 메시지가 제대로 정립되어 있지 않으면 과실을 맺어가는 과정에 전혀 다른 메시지를 말하게 되기도 한다. 그렇게 하나씩 다른 메시지를 전달하다 보면 결국 끝에서 마주하게 되는 메시지는 원래 이 브랜드가 말하고자 하는 메시지와는 전혀 다른 이야기를 하게 되는 경우도 있다. 이러한 어수선한 과정에서 나를 선택했던 고객은 당연하게도 이미 떠나고 없다.

마케팅 업계는 그야말로 총알 없는 전쟁터다. 하루에도 손에 셀수 없을 정도의 신제품이나 신규서비스가 생겨나고 사라지고 있다. 그 치열한 전쟁 통에 살아남기 위해 매 순간 치열한 싸움을 겪어내고 있다. 수없이 쏟아지는 다양한 정보와 그 와중에도 고객을 사로잡기 위한 다양한 마케팅 메시지가 넘쳐난다.

이 험난한 경쟁 사회에서 사업주가 살아남기 위해서는 나만의 착 달라붙는 메시지가 필요하다. 한번 들으면 기억에 오래 남아 저절로 떠오르는 메시지여야 한다. 메시지가 우리 뇌에 찰싹 달라붙게 만드는 요소를 4가지 정도로만 짧게 정리해보고자 한다.

고객의 이목을 끄는 요소는 **의외성**이다. 일단 고객이 내 비즈니스에 관심을 가지고 보게 만들기 위해서는 의외성이 있어야 한다. 즉, 예상을 깨뜨려야 한다는 것이다. 단순하게 정의할 수 있는 문장을 살짝 비틀어 허를 찔러 이목을 집중시키고 긴장감을 유발해야 한다.

이러한 의외성은 흥미와 호기심을 통해 반응이 오는데 안타까운 포인트는 이 감정은 오랫동안 유지되지 않는다는 것이다. 하지만 첫눈에 '어?' 하는 포인트가 시선을 사로잡는 부분은 간과할 수 없으니 의외성은 반드시 고려해야 하는 요소다.

핵심을 빠르게 이해시키는 요소는 **단순함**이다. 사람들은 생각보다 집중력이 짧고 기억력이 좋지 않다. 너무 비약이 크다고 느낄 수 있지만 좀 다르게 이야기하자면, 사람들이 처리해야 할 정보가 너무 많은 시대다. 정보가 쏟아지는 창구는 넘치게 많고, 그 정보를 받아들이고 처리하는 사람의 능력은 제한되어 있다.

본인이 관심이 있는 것에 대해서는 초반에 이해가 조금 안 되더라도 더 붙잡고 이해하기 위해 계속해서 정보를 흡수하기 위해 노력하지만, 관심이 없는데 어렵기까지 한 정보는 도달되지 않은 정보와 같다.

따라서 사업주가 아무리 상세하고 넘치는 좋은 정보를 전달한다 하더라도 고객이 관심이 없거나 조금이라도 복잡하다면 결코 좋은 메시지가 아니다. 무자비하게 느껴지더라도 불필요한 곁가지는 과감하게 버리고 정말 중요한 알맹이만 남겨야 한다.

메시지는 단순하면 단순할수록 좋다. 단순한 요약문이 좋다는 것이 아니다. 속담처럼 단순하면서도 심오한 사업주의 핵심 가치를 담고 있어야 한다.

명확한 메시지는 **구체적인 언어**에서 나온다. 고객이 듣고 고객이 실질적인 액션을 할 수 있도록 명확한 지시가 내포되어 있어야 한다. 우리의 뇌는 구체적인 정보를 이미지처럼 기억한다. 모호한 메시지는 이미지화가 어려우므로 오래 기억될 수 없다.

이러한 구체적인 언어로 설명된 메시지는 다양한 고객 한 명 한 명에게 동일한 의미를 전달할 수 있게 된다. 한 브랜드의 메시지가 해석하는 사람에 따라 전혀 다르게 해석이 된다면 이는 메시지를 만든 사람의 전적인 잘못이다. 잘 만든 브랜딩 메시지는 어디에 있는 누가 들어도 동일한 의미로 받아들여질 수 있도록 구체적인 언어로 되어 있어야 한다.

마지막으로, 고객이 메시지를 중요하게 받아들이게 만드는 힘, **감성**이 필요하다. 브랜딩 메시지를 뽑아내는 과정에서 고객이 내 메시지를 중요하게 받아들이게 하기 위해서는 마음에 '울림'을 줘야 한다. 사람은 사람 사이의 교감을 통해 공감이라는 감정을 느끼지만 단순한 통계 숫자나 추상적인 묘사에는 아무런 느낌을 받지 못한다.

브랜딩 메시지를 정하는 과정에서 반드시 고려해야 하는 부분이 바로 이 공감하는 포인트를 찾아내 메시지에 담아내는 것이다. 이를 위해서는 사업주가 아닌 고객의 입장에서 현재 직면한 문제를 내 문제처럼 고민하고 그 문제에서부터 해결방안을 고민해야 한다. 그 고민 끝에 나온 해결법이 내 브랜딩 메시지에 표현되어야 한다.

04

의미를 부여하고 팬을 만들어라

아침에 눈을 떠 제주삼다수 물로 잠을 깬 뒤, 외출 준비를 한다. 차앤박 화장품으로 메이크업을 하고, 구찌 S/S 원피스를 입고, 제이에스티나 쥬얼리로 코디한 다음 집을 나선다. 바쁜 스케줄 사이 점심시간엔 삼성카드로 반올림 피자를 주문해 한 끼를 해결한다.

지루한 스케줄 이동 중엔 웨이브로 미드를 찾아보고, 마침 그날이라 몸이 찌뿌둥하니 경동제약 그날엔 한 알로 가라앉혀본다. 스케줄이 일찍 끝난 김에 구두 대신 블랙야크 워킹화로 갈아 신고 낮에 먹은 피자를 소비해본다.

집에 오는 길에 만난 친구와 간단하게 참이슬 소주를 반주 삼아 가볍지 않은 저녁 식사를 하고 귀가한다. 유난히 힘들었던 오늘을 포근한 이브자리에서 마무리한다.

누군가 떠오르는 인물이 있는가? 바로 대한민국 대표 여성 싱글 가수이자 배우로 활동하는 아이유다. 현재 기준 아이유가 진행하고 있는 광고들로 구성한 아이유의 가상 하루다. 데뷔한 지 13년이 된 아이유는 동년배 중 가장 성공한 대한민국 대표 연예인으로 거론됨에 있어 의심할 여지가 전혀 없는 대한민국 최고의 셀럽이다.

이렇게 아이유가 성공하고 많은 광고를 진행할 수 있는 가장 큰 이유는 팬덤-유애나-이 있기 때문이다. 아이유의 노래와 연기를 무조건으로 사랑하고 열정적으로 지지하며 아이유가 광고하는 제품이라면 무엇이든 구매하는 팬들 덕분에 아이유는 혼자만으로 웬만한 중견 기업 이상의 수익을 매년 벌어들이고 있다.

필자도 유애나는 아니지만, 아이유의 큰 팬이다. 그녀의 노래와 연기를 사랑할 뿐 아니라 팬덤의 이름으로 매년 기부하는 그녀의 행보가 크게 본보기가 되기 때문이다. 무조건 지지를 보내는 팬덤이 크고 단단한 만큼 내 연예인의 몸값도 올라가기 마련이다.

단단한 팬덤을 유지하기 위해 아티스트는 팬들이 좋아하는 음악 활동, 연기 활동을 꾸준히 하기도 하고 팬들만을 위한 콘텐츠 제작도 멈추지 않는다. 특히 아이유의 경우 시국이 시국인지라 오프라인 콘서트를 진행하지 못해 아쉬운 팬들을 위해 다양한 방법으로 팬들을 만나고 본연의 아티스트 활동을 쉬지 않고 활발하게 진행했다.

팬덤은 돈이 된다. 팬덤 가입에 드는 가입비도 물론 있지만 팬덤을 대상으로 판매하는 다양한 굿즈나 콘텐츠들 또한 막대한 수익이 된다. 더 나아가 실제로 아이유를 모델로 한 블랙야크의 등산화는 아이유를 모델로 바꾼 뒤 단 한 달 만에 단일 모델의 매출이 전체 판매율의 56%를 넘었으며, 블랙야크 신상품 신발 라인의 4개월 매출이 전년 대비 250% 증가했다.

여타 다른 아티스트와 좀 다른 결의 행보를 보이는 아이유는 자신의 팬덤인 유애나에 대한 각별한 사랑을 자주 드러내곤 한다. 매년 자신의 생일이나 데뷔기념일이 되면 본인이 스스로 찾은 기부처에 '아이유애나'라는 이름으로 큰돈을 기부한다. 그리고 그 공을 팬들에게 돌린다. 단순히 팬덤으로 생각하기보단 친구처럼 친근하게 부르고 소통한다. 그 마음을 팬들도 느끼고 더 따뜻한 지지를 보내는 선순환이 자연스럽게 이뤄지는 사이다.

팬은 연예인에게만 생길 수 있는 것이 아니다. 내 브랜드에도 팬덤이 필요하다. 팬덤의 사전적 정의는 '특정한 인물이나 분야를 열성적으로 좋아하는 사람들 또는 그러한 문화 현상'이다. 여기서 주목해야 할 부분은 특정한 인물이 아닌 '분야'도 팬덤을 정의하는 범주에 포함된다는 것이다. 팬이라는 것은 특정 사람에게 가장 잘 어울리는 단어지만 이 팬의 범위가 사람이 아닌 특정한 '분야'에도 생길 수 있다.

이 분야라는 것은 많은 것을 대변할 수 있다. 전 세계적으로 유명한 E-스포츠 게임, 특정 브랜드의 전자기기, 전통적으로 매년 시행되는 지역 페스티벌 등 단순히 유명인의 일거수일투족에 관심이 있고 지지를 보내는 팬에서 넘어서 다양한 본인의 취향과 가치를 지지하고 사랑하는 팬덤의 형태가 다양화되고 있다.

팬이 형성될 수 있는 분야는 비단 이렇게 눈에 보이는 것에 그치지 않는다. 눈에 보이지 않는 콘텐츠 혹은 브랜드에도 팬이 생길 수 있고 팬이 필요하다. 한 브랜드가 가진 핵심 가치에 공감하고 지지를 보내는 팬이 있다면 이 브랜드는 든든한 아군이 생기게 되고 이 브랜드의 메시지는 팬들을 통해 더 넓게 퍼질 수 있다.

앞서 말했지만, 저탄수화물 고지방 식습관으로 건강한 다이어트를 지향하는 키토제닉이라는 식이요법이 있다. 다이어트 식이요법의 전통적인 방법인 칼로리 제한식에 전면으로 도전하는 방법으로, 다이어트에 금기시되는 지방을 더 먹고 탄수화물을 극단적으로 줄여 지방과 단백질을 몸의 연료로 쓰게 하는 방법이다. 이 식이요법이 한국에 들어온 지는 그리 오래되지 않았다.

그런데도 최근 몇 년 사이 굉장히 효과가 좋으면서도 장기적으로 유지할 수 있는 식습관이라는 이유로 꽤 유명해졌다. 연예인들의 일상을 보여주는 프로그램에서도 이 식습관을 하고 있다는 연예인을 보게 되는 것도 전혀 낯설지 않다. 필자도 한때 100일 정도 키토제닉을 실천해본 적이 있다.

실제로 키토제닉을 하면서 가장 필요했던 것은 다양한 식재료 정보와 레시피였다. 이 식습관은 한국인의 주식인 쌀을 제한하고 다이어트의 주적인 밀가루와 설탕을 제한한다. 이 때문에 이 식재료를 대체할 수 있는 키토제닉에 적합한 식재료를 찾고, 그 식재료를 활용한 다양한 레시피가 필요했다.

다이어트를 하는 사람이 공통으로 느끼는 힘든 부분은 바로 아는 맛에 대한 무서움이다. 맛을 아는 음식을 먹지 말라고 하면 더 먹고 싶은 것이 본능이다. 그래도 이 식습관을 다른 식이요법에 비해 더 장기적으로 유지할 수 있는 가장 큰 이유는 고기와 지방에 대해 굉장히 관대하기 때문이다.

요알못(요리를 알지 못하는 사람)이자 키린이(키토제닉 어린이)였던 필자는 이 식단을 좀 더 즐겁고 건강하게 유지하기 위해 꾸준히 검색했고, 키토제닉의 오랜 팬들은 본인의 노하우를 듬뿍 녹인 레시피와 식재료 정보를 아낌없이 공유했다. 그 정보 공유는 주로 온라인 카페와 개인 SNS 채널을 통해 이뤄졌으며 다 공짜였다.

이런 채널이 개인적으로는 얼마나 고마웠는지 모른다. 본인들의 노하우를 공유했던 채널에 담긴 정보는 그 정보를 사랑하는 또 다른 팬을 만들었다. 그 정보를 찾는 사람들에게 필요한 정보를 줬기 때문에 팬이 안 될 이유가 없었다. 노밀가루 노설탕 베이킹, 쌀 없는 한식 키토 식단, 키토제닉에 필수인 방탄 커피 쉽게 만드는 법, 다양한 키토제닉 양식 레시피 등 그 종류 또한 제한되어 있지 않다.

필자가 팔로우하던 계정은 노밀가루 노설탕 베이킹 레시피를 알려주고 공유하는 인스타그램 계정이었다. 이 계정은 필자가 팔로우했을 때만 해도 채 500명이 안 되는 팔로워를 가진 작은 계정이었다. 키토제닉용 바스크 치즈케이크의 레시피를 검색하다 알게 된 계정이었다. 이 계정은 간단하게 따라 할 수 있는 키토제닉 베이킹 레시피와 흔한 다이어트 정보를 카드뉴스 형식으로 공유하는 20대 청년의 키토제닉 기록이 주된 콘텐츠였다.

이 계정의 주인은 인스타그램에서 간단히 보여준 레시피를 유튜브를 통해 자세히 알려줬지만, 콘텐츠의 조회 수도 1,000회가 채 넘지 않는 아주 소소한 계정이었다. 그 후로 약 1년 반이 지난 지금의 인스타그램은 2만 2,000명이 넘는 팔로워를 가지게 됐고, 유튜브 구독자도 1만 명이 넘는 계정이 됐다.

단순히 팔로워와 구독자 수만 늘어난 것이 아니다. 이 계정 주인은 본인의 이름을 딴 온라인스토어를 열었다. 이 온라인스토어를 통해 키토제닉에 필요한 다양한 식재료를 공동구매 형식으로 판매하는 유통업을 하기 시작했다. 그뿐만 아니라 본인의 이름으로 키토제닉 식품 브랜드를 만들었고 이 브랜드를 통해 키토제닉 다이어트 중 먹을 수 있는 초콜릿과 견과류 버터를 만들어 본인의 온라인 스토어를 통해 판매하고 있다.

연예인이 아닌 자기만의 콘텐츠를 통해서도 팬이 생길 수 있고, 이 팬이 모여 결국 돈이 됐다. 처음부터 돈을 위한 팬을 만든 것이 아니다. '닭가슴살만 억지로 먹는 식습관은 그만! 다이어트가 더 이상 필요 없을 때까지 습관 만들기'라는 자신만의 메시지로 이 메시지에 공감하는 사람들을 위한 정보와 콘텐츠를 공유했고, 이에 공감하고 지지하는 팬들이 자연스럽게 생겨났으며 결국은 수익모델을 만들어준 것이다.

비즈니스를 하는 사업주는 결국 사업주가 추구하는 가치와 의미가 담긴 메시지를 통해 나만의 팬을 만들고 그 팬들과 이 비즈니스를 함께 키워간다는 마음으로 브랜드를 대해야 할 것이다.

05

입소문? 이제는 웹소문 시대다

개인적으로 제일 활발하게 사용하는 SNS 플랫폼은 인스타그램 이다. 아무래도 인스타그램을 통해 친구들의 소소한 일상을 볼 수 있고 소통할 수 있기 때문이다. 직업적인 이유로도 인스타그램을 자주 살펴보는 편인데 기발한 광고들을 꽤 많이 접하긴 하지만 그 광고를 통해 실제로 구매를 한 경험은 적은 편이다.

여느 날 평소와 같이 인스타그램을 보고 있는데 친한 언니의 피 드에 꽃 사진이 올라왔다. 자연스레 눈이 갔고 내용을 읽었더니 꽃 을 구매했거나 지인에게 선물을 받은 것이 아닌 쌀을 구매한 구매 후기였다. 뭔가 잘못된 연결고리 같았지만, 분명히 쌀 구매 후기였 다. 온라인 쇼핑몰을 통해 쌀 5kg을 구매했는데, A4 용지 한 장에 쌀 판매자의 악필이 담긴 손 편지의 복사본과 선물 같은 꽃을 받았다는 내용이었다.

예상치 못한 꽃을 받아 너무 기분이 좋았던 것은 당연했고, 구매한 본품인 쌀도 밥을 지으니 맛이 너무 좋아서 기분 좋은 후기를 쓴다는 내용이었다. 그 피드에는 협찬이나 광고의 냄새가 느껴지지 않았고, 너무 참신한 쌀집 마케팅에 반해 후기와 함께 올려놓은 이 쌀집 이름의 해시태그를 클릭해봤다.

100개가 넘는 피드 대부분은 여러 종류의 꽃 사진이었다. 상호는 누가 봐도 꽃과 전혀 관계없는 농부인데 나온 결과는 너무 놀라웠다. 이 똑똑하고 기발한 사업주에게 관심이 갔고 계속 검색을 하게 됐다. 처음에는 내 지인의 후기뿐 아니라 다른 사람의 후기들을 탐독했다. 모든 후기의 공통점은 예상치 못한 꽃 선물에 기분이 좋았다는 내용과 밥맛이 좋다는 내용이었다. 그 후기들을 꼼꼼히 살펴보며 놀라게 된 또 다른 포인트는 그 후기에 달린 댓글이었다.

피드를 올린 사람들의 지인이 이 쌀을 어디서 샀는지 궁금해하고 나도 사고 싶다는 내용의 댓글이거나 그 쌀에 대해 궁금한 점을 물어보는 댓글이었는데, 후기를 올린 사람은 아주 친절히 이 쌀집의 영업사원처럼 대답해주고 있었다. 필자도 그 후기들을 계속보다 결국 쌀집 계정까지 들어가게 됐다.

부모님이 농부이시고 그 부모님의 뒤를 이어 청년이 된 둘째 아들이 함께 농사를 짓고 온라인 판매를 도맡아 하고 있는 가족 농부의 쌀집이었다. 젊은 농부답게 인스타그램을 통해 청년 농부의 바쁘디바쁜 농사 일상을 꾸준히 공유하고, 판매하는 쌀과 선물로 주는 꽃에 관한 이야기도 만날 수 있었다.

결국, 필자는 쌀 판매 페이지까지 찾아가게 됐고 그 판매 페이지에서 읽게 된 다양한 정보들과 찐 고객들의 수많은 칭찬 후기에 녹다운되어 결국 구매 버튼을 눌렀다. 며칠 뒤 필자 역시 쌀과 손 편지 그리고 한 움큼의 안개꽃을 받았다. 그리고 당연한 듯 블로그와 판매 사이트에 리뷰를 남겼다.

이 청년 농부의 온라인 마케팅 방법에 감탄을 금치 못했다. 메시지, 스토리가 탄탄했으며 웹을 통한 자연스럽고 기분 좋은 후기를 잔뜩 모아 웹소문이 널리 널리 퍼질 수 있는 여러 가지 장치를 곳곳에 숨겨놓았고, 그것이 결코 억지스럽지 않아서 더 호감이었다.

2021년 초 발표한 한 디지털 미디어 및 광고 마케팅 연구 전문 미디어의 온라인 쇼핑몰 고객 설문 조사에 따르면, 전 업종 평균 소비자의 67.6%가 상품의 구매 과정을 공유한다. 구체적인 공유채널은 구매한 온라인 쇼핑몰을 통한 리뷰나 후기 작성이 가장 많고, 대면이나 전화를 통한 오프라인 및 PC와 메신저를 활용한 지인들과의 공유가 활발하다고 밝혔다.

즉, 생각보다 많은 사람이 온라인 구매 경험에 대해 공유하고 있다는 것이다. 내가 구매한 제품이나 서비스 경험의 좋고 싫은 점에 대해 다양한 방법으로 공유한다. 이러한 리뷰 및 후기는 내가 이 제품이나 서비스의 구매 시 읽어보고 구매 결정에 도움을 받았던 것과 마찬가지로 다른 사람의 구매에 영향을 끼치게 된다.

모든 사업에 있어 입소문은 너무나 중요하다. 오죽하면 처음 오픈한 식당에 우연히 가서 잘 먹고 기분 좋게 계산을 하고 갈 때 사업주의 "입소문 좀 많이 내주세요!"라는 말을 심심치 않게 들을 수 있는 것이리라. 옛날에 이야기하던 입소문은 그야말로 입소문이었다. 입에서 입으로 대면해서 이야기로 전달되는 '그랬대~ 좋더라~ 맛있더라~'의 피드백을 통해 '어머, 거기 어딘데? 나도 한번 가봐야겠다!'라는 마음이 들게 하는 입소문 말이다.

하지만 최근 몇 년간 쇼핑문화뿐 아니라 사회 전반의 환경이 크게 바뀌었다. 오프라인 매장의 매출은 점점 줄어들고 사람들의 모임이 제한됐다. 사람들은 집에서 온라인으로 일하기 시작했고, 쇼핑 대부분은 스마트폰을 통한 온라인 쇼핑 시장이 크게 증가했다. 이 때문에 만나서 후기를 주고받던 입소문은 자연스럽게 줄어들고 다양한 온라인 플랫폼을 통해 여전히 구매 경험을 공유하고 있다. 이것을 필자는 '웹소문'이라고 정의하고 싶다.

바야흐로 우리는 입소문의 시대가 아닌 웹소문의 시대에 살고 있다. 전통적인 비즈니스에 있어 입소문이 매우 중요했던 것처럼 요즘의 비즈니스에는 웹소문이 그러하다. 좋은 웹소문을 만들고 널리 퍼뜨리기 위해 다양한 마케팅 활동을 하고 노력을 한다. 특히 실제 내 제품이나 서비스를 이용해본 고객의 긍정적인 후기가 실제 다른 고객의 구매에 큰 영향을 미친다.

따라서 사업 초창기에 이런 긍정적인 후기를 모으기 위해 체험단을 진행하거나 어둠의 경로를 통해 후기를 조작하기도 하는 위험천만한 마케팅 상품이 판매되기도 한다. '무플보다는 악플이 낫다'라는 말도 있듯이 후기가 하나도 없는 상품보다는 체험단이지만 진정성 있는 후기가 몇 개라도 있는 것이 초반 매출에 긍정적인 영향을 미칠 수 있기 때문이다.

사업 초창기에 체험단을 진행하는 경우가 꽤 많다. 체험단을 진행한다면 제발 효과 있는 똑똑한 체험단을 진행하기 바란다. 무조건 좋다는 앞뒤 없는 극찬 후기, 양으로 밀어붙이는 대량 후기, 아무런 감정이 느껴지지 않는 영혼 없는 리액션의 '좋아요' 후기는 장기적인 관점에서 내 비즈니스에 결코 도움이 되지 않는다.

체험단을 진행할 때 진행하더라도 타깃 고객을 정확히 정하고, 그 고객에게 맞는 제품의 장점을 부각해 어떤 면이 어떻게 좋다는 진정성 느껴지는 후기 하나가 더욱 도움된다는 것을 기억했으면 한다. 요즘의 고객들은 내돈내산(내 돈 주고 내가 산 제품) 후기와 체험단 후기를 정확하게 구분한다. 당연하게도 내돈내산 후기를 더 믿고 선호하지만, 체험단 후기라 할지라도 그 후기에 진정성이 느껴진다면 어느 정도 신뢰를 하게 되고 최종 구매 결정에 고려하게 된다.

그렇다면 체험단이 아닌 내돈내산의 좋은 후기, 즉 웹소문을 모으는 방법은 무엇일까? 좋은 후기를 원한다면 좋은 후기 쓸 거리를 줘야 한다. 판매 페이지에 후기가 가장 많이 모이는 이유가 무엇이라고 생각하는가? 정말, 이 제품이 너무 좋고 만족스러워서 꼭 이 사실을 널리 알려야겠다는 사명감을 가진 사람은 아무도 없을 것이다. 너무 허무하게도 강의할 때 후기를 남기는 이유에 관해 물어보면 백이면 백 포인트 때문이라고 말한다.

즉, 구매한 사이트에 후기를 남기면 다른 구매 시 현금처럼 사용할 수 있는 포인트를 적립해주기 때문이다. 텍스트 후기는 기본 100원에서 사진이나 동영상을 추가로 남기면 50원을 더 주는 시스템에도 이 150원의 포인트 때문에 간단한 후기를 남기기도 하는데, 후기 이벤트로 1,000원 이상의 포인트를 준다고 하면 놀랍게도 후기의 양과 퀄리티가 금세 업그레이드되곤 한다.

물론 포인트만으로 이 쌀집 같은 후기를 기대하긴 어렵다. 심지어 이 쌀집은 포인트를 추가로 주는 이벤트를 진행하지 않는다. 대신 블로그나 인스타그램에 특정 해시태그와 함께 후기를 올려주면 정기적으로 선별해서 한 움큼이 아닌 몇만 원 상당의 꽃 선물을 준다. 여기서 포인트는 꽃 선물을 주는 후기 이벤트가 아니라 쌀을 샀는데 깜짝 선물을 받은 것 같은 꽃 선물을 함께 준다는 것이다.

쌀을 구매한 고객의 일반적인 후기를 예상해보자. 쌀은 포대로 받게 되며 언박싱 후기도, 완제품의 후기도 쌀 사진 아니면 밥 사진 이상의 매력적인 사진이나 시선을 끌 후기를 기대하기 어렵다. 그런데 쌀을 구매했는데 꽃을 덤으로 받았다? 그러면 이야기가 달라진다. 꽃을 보고 기분이 좋아졌고, 이 예쁜 꽃은 카메라를 부른다.

내 인스타그램 피드에 뜬금없는 밥 사진을 올리기는 어색하지만, 깜짝 선물 받은 꽃은 손수 사진을 찍어 기분 좋게 올릴 수 있다. 이 포인트가 바로 이 청년 농부의 쌀 후기가 웹소문을 탈 수 있는 이유다. 좋은 후기로 좋은 웹소문을 만들고 싶다면 그 재료를 줘야 한다.

06

0원으로 마케팅하는 방법

회사에서 마케터로 일할 때 영업팀이 마케팅팀을 고까운 시선으로 보는 이유는 돈 때문이다. 영업은 열심히 돈을 벌어오는데 마케팅은 항상 돈을 써버린다고 말한다. 물론 단순히 수입과 지출적인 부분만 놓고 본다면 틀린 말은 아니다. 마케팅은 장기적인 더 큰 매출과 브랜드 인지도 향상을 위해 일정 금액을 사용하기 때문이다.

이런 사고방식은 큰 회사에서만 통용되는 내용이 아니다. 소상공인 자영업 사업주들을 만나 컨설팅과 강의를 하다 보면 대부분 이런 생각을 하고 있다. "돈이 많으면 저희도 마케팅 더 잘할 수 있죠"라는 말을 많이 듣게 된다. 정말 그럴까?

물론 마케팅을 하는 데 돈이 드는 영역이 분명히 있다. 그 영역에서는 돈을 쓰는 만큼 결과가 생기기도 하고 예산이 없으면 진행할 수 없는 부분 말이다. 분명히 말하지만 이렇게 비용을 써야 하는 마케팅의 영역은 사업이 한창 운영되고 어느 정도 안정이 된 뒤 매출이든 규모든 어떤 면에서 눈에 띄는 성장이 필요한 시점에 필요한 부분이다. 이러한 비즈니스의 도약기 전에는 돈 한 푼 들이지 않고 순전히 사업주의 노력으로 가능한 마케팅 영역이 분명히 있다.

돈 쓰는 마케팅을 하기 전에 내 비즈니스를 정리해놓아야 한다. 기본적으로 고객들이 내 비즈니스를 찾아 발견하게 되는 방법은 검색이다. 그것이 제품명이나 서비스명을 직접 검색할 수도 있고, 내 경쟁업체를 검색하다 우연히 발견될 수도 있다. 중요한 것은 내 비즈니스가 고객에게 발견되어 처음 만나게 되는 그 지점이다.

의도적이든 우연히든 나를 발견한 고객이 나에 관한 탐구를 할 때 나에 대한 정확하고 신뢰성 높은 정보가 쉽게 발견되어야 한다. 성공적인 마케팅의 시작은 내 비즈니스, 제품, 서비스에 대해 정확하게 정리된 정보가 노출되어 있어야 한다는 것이다. 이것은 아주 기본 중의 기본이다. 이를 정리하는 데에는 돈이 한 푼도 들지 않는다.

무엇을 어떻게 정리해야 할지 모르겠다는 사업주의 SOS 때문에 컨설팅을 의뢰하는 분들이 꽤 있지만, 결론적으로 컨설팅 결과는 마케터가 100% 창조해내는 것이 아니다. 컨설팅 의뢰를 받으면 가장 많은 시간을 할애하는 부분이 바로 사업주와의 인터뷰 시간이다.

이 비즈니스는 어떤 비즈니스인지, 왜 시작하게 됐는지, 어떤 비전을 가지고 있는지, 세상에 전달하고 싶은 가치는 무엇인지 등 비즈니스의 핵심 가치가 되는 핵심 메시지를 끌어내는 질문으로 시작한다. 그런 다음엔 고객의 관점에서 해당 제품이나 서비스에 대해 궁금한 점을 세세하게 질문한다. 그 과정에서 알게 되는 점은 크게 2가지다.

첫째는 필자가 만난 사업주 대부분은 비즈니스에 관해 묻는 말에 매우 대답을 잘하고 그 대답에 200% 이상의 진정성이 느껴진다는 것이다. 본인의 제품이나 서비스에 대한 자부심과 애정이 듬뿍 묻어난다. 그 어떤 질문에도 막힘없이 술술 이야기해주신다. 왜냐하면, 이 사업주는 그야말로 이 분야의 전문가이고 이 제품이나 서비스를 판매하기 위해 그 누구보다 많은 시간의 노력과 연구를 해왔기 때문이다.

둘째는 필자가 한 질문은 전혀 새로운 질문이 아니라는 것이다. 대부분의 질문은 제품과 서비스에 관련된 질문이고 이 제품이나 서비스를 구매하려고 하는 사람이 궁금할 수밖에 없는 평범한 질문들이다. 이러한 질문은 필자뿐 아니라 그동안 만났던 고객들 역시 수 없이 해왔던 질문들이라는 것이다.

　많은 사람이 자주 하는 질문에는 이유가 있다. 내가 궁금한 것은 남들도 궁금하기 때문이다. 비슷한 질문을 자주 받는다는 것은 대부분의 내 고객이 궁금해하는 부분이라는 것이다. 그렇다면 그 질문에 대한 답을 매번 이렇게 자세히 해줄 것인가? 물론 시간이 넘치게 많은 사업주라면 그럴 수도 있겠지만, 이는 정말 비효율적이다.

　실컷 시간을 내 친절하고 자세하게 상담해줬지만 다 듣고 "설명 감사해요. 좀 더 고민하고 올게요"라고 말한다면 사업주의 상담 시간은 누가 보상해줄 것인가? 사업주에게 시간은 곧 돈이다. 반복되는 질문에 똑같은 답을 해주느라 시간을 허비하는 것은 너무 안타까운 일이다.

　고객이 자주 물어보는 질문에 대한 답부터 깔끔하게 콘텐츠로 정리해놔야 한다. 그것이 브랜드 마케팅의 기본 시작이다. 이 비즈니스는 무슨 비즈니스이며 핵심 가치와 브랜드의 지향점이 어떤지, 비즈니스의 정체성에 대해 깔끔하게 정리된 콘텐츠가 반드시 필요하다. 그런 다음 고객이 자주 묻는 질문에 대한 답을 명확하고 쉬운 언어로 정리해놓아야 한다.

　이런 콘텐츠는 공짜로 개설이 가능한 네이버 기반의 블로그 혹은 플레이스에 내 상호를 검색했을 때 나오는 플랫폼에 공지사항처럼 최상단에 고정되어야 하는 정보다. 인스타그램을 메인 SNS 플랫폼으로 활용한다면 인스타그램의 하이라이트를 활용해 브랜드 필수 정보를 담은 콘텐츠가 고정노출되어야 한다.

비즈니스, 제품, 서비스에 대한 필수 기본 정보에 대한 정리 없이 추가적인 마케팅 활동은 효과적이지 않다. 내 사업은 사업주가 가장 잘 알고 가장 정확하게 정리할 수 있다. 컨설팅을 위한 인터뷰를 하면 대답은 꽤 잘하지만 이렇게 콘텐츠로 정리를 하라고 하면 단박에 못한다고 말하는 분들이 꽤 많다.

하나의 팁을 주자면 글로 정리하기 어렵다면 먼저 이렇게 인터뷰를 하듯 스스로 질문을 하고 답을 하고 이것을 녹음해보라. 그 녹음을 들으며 글로 옮기면 처음부터 글을 쓰려고 앉았을 때보다 훨씬 수월하게 쓸 수 있을 것이다. 그렇게 정리하면서 불필요한 내용은 덜어내고 꼭 필요한 정보를 남기는 식으로 비즈니스에 대해 정리해볼 수 있다.

07
꼭 인플루언서 마케팅을 할 필요는 없다

2021년에 대한민국을 뜨겁게 달군 프로그램은 단연 Mnet의 〈스트릿 우먼 파이터〉였다. 프로그램이 크게 인기를 얻으면서 그동안 어쩌면 어두운 영역에 있던 댄서라는 직업이 주목받고 큰 인기를 얻게 됐다. 늘 가수의 뒤에서 백업 댄서라는 타이틀로 가려져 있던 전문 댄서들이 이 프로그램을 계기로 그야말로 인기가 천정부지로 치솟아 각종 TV 광고와 예능 프로그램의 섭외 0순위가 됐다.

〈스트릿 우먼 파이터〉는 서바이벌 프로그램의 특성상 회차가 거듭되면서 한 팀씩 탈락했다. 아이러니하게도 가장 먼저 탈락한 팀의 리더가 가장 높은 몸값을 자랑하게 된 이야기는 더 이상 새로운 이야기가 아니다. 이렇게 인기가 높아지면 눈에 띄게 변하는 것이 바로 개인 SNS 계정의 팔로워 수 증가다. 실제로 이 프로그램이 끝난 뒤에도 이 댄서의 팔로워는 331만 명이 됐다.

이 댄서의 피드에는 #협찬 #광고 #ad 등의 해시태그가 붙은 피드가 더 자주 더 많이 올라오기 시작했다. 즉, 많은 기업에서 인플루언서를 통한 광고 마케팅을 하게 됐다는 뜻이다. 팔로워가 많을수록 피드의 가격이 올라가는 것은 당연하다. 그래서 탑 연예인의 피드 하나 가격이 몇천만 원이라는 믿고 싶진 않지만, 불편한 사실을 접한다.

연예인은 아니지만, 팔로워가 많아서 팔로워들에게 영향력을 끼치는 사람들을 우리는 '인플루언서'라고 한다. 온라인 마케팅을 하다 보면 빼놓을 수 없는 것 중 하나가 인플루언서 마케팅이다. 특히 인지도가 어느 정도 올라가면 그 인지도에 맞는 브랜드의 협찬이나 광고문의가 심심치 않게 들어오기도 한다.

한 브랜드에서 광고를 제작해 TV나 매체를 통해 송출시키는 데는 막대한 비용이 든다. 그러나 인플루언서 마케팅은 제품 가격에 그 인플루언서의 인지도에 상응하는 비용을 써서 그 인플루언서를 팔로우하는 사람들을 대상으로 내 브랜드나 제품을 노출할 수 있다. 상대적으로 저렴한 가격에 광고 마케팅을 진행할 수 있다는 점에서 선호되는 방법이다.

큰 금액이든 적은 금액이든 인플루언서 마케팅에는 돈이 든다. 규모가 작고 매출이 소박한 비즈니스를 하는 소상공인 사업주의 경우, 내 브랜드 계정은 팔로워가 너무 없어 아무리 피드를 올려도 노출이 안 되기 때문에 상대적으로 팔로워가 많은 인플루언서를 활용한 마케팅에 기대려고 하는 것이다.

인플루언서 마케팅은 장단점이 비교적 명확한 마케팅 방법이다. 이미 팔로워가 많은 계정을 통한 노출이기 때문에 내 브랜드 계정에 노출했을 때보다 당연히 더 많은 사람에게 우리 제품이나 서비스를 알릴 수 있는 장점이 있다.

당연히 그 인플루언서를 좋아해 팔로우를 한 사람이라면 내가 좋아하는 인플루언서가 사용하고 올렸다는 이유만으로 구매하는 팬들이 있을 수 있으니 당연히 매출 향상도 어느 정도는 기대해볼 수 있다.

그러나 이와는 별개로 단점도 있다. 우선 컨트롤이 쉽지 않다. 돈을 지급한 만큼 요청할 수 있는 부분이 어느 정도 있겠지만, 팔로워가 많으면 많을수록, 인기가 높으면 높을수록 광고주의 요청을 잘 수용하려 하지 않는 경향이 있다. 나름 인플루언서로서 본인의 컬러와 분위기가 있어, 브랜드에서 요청하는 내용이 그 부분과 맞지 않는다면 본인은 이런 식의 노출은 못 한다는 일방적인 통보를 하는 경우가 종종 있다.

이는 비단 팔로워가 엄청 많은 인플루언서들에게만 나타나는 현상이 아니다. 팔로워가 몇백 몇천 명밖에 안 되는 마이크로 인플루언서의 경우에도 본인의 콘셉트가 확실한 인플루언서들이 있으므로 사전에 잘 알아보고 미리 정확하게 조율해야 한다.

또한, 인플루언서의 계정에 올라간 피드는 결국 내 브랜드 재산이 될 수 없다. 내 브랜드 계정이 아닌 타인의 계정을 통해 내 제품이나 브랜드의 노출이 일어났기 때문에 당연히 다른 피드가 올라오면 내 브랜드 피드는 묻히게 되고, 일정 기간이 지나면 아예 삭제해 버리는 경우도 꽤 있다.

본인이 대가를 받고 광고해주는 것임에도 불구하고 그렇게 대가를 받고 광고를 한다는 것을 감추고 싶은 마음이 있기 때문이다. 고객의 입장에서도 대가를 받고 좋다고 광고를 하는 내용보다는 대가 없이 내돈내산 제품의 긍정적인 노출이나 리뷰가 더 신뢰성 높게 다가오는 것은 당연하다. 이러한 이유로 한창 인플루언서 마케팅이 뜰 때 뒷광고 논란이 함께 불거지기도 했다.

기업들이 실제로는 대가를 주고 리뷰나 노출을 의뢰했음에도 불구하고 내돈내산 콘셉트로 노출해달라고 했고, 인플루언서도 그 요청에 맞춰 내돈내산으로 리뷰를 했다가 뒤늦게 협찬인 부분이 들통 나 곤욕을 치른 사람들이 꽤 많다. 이러한 사회의 변화된 분위기에 오히려 내돈내산과 협찬을 확실히 구분하는 문화가 자리 잡고 있지만 잊을 만하면 이슈가 되는 여전히 뜨거운 감자다.

보통 인플루언서 마케팅을 진행할 때 가장 중요하게 생각하는 것은 팔로워 수다. 특히 소상공인 사업주의 경우 사업 초반 체험단을 모집할 때 무턱대고 눈에 보이는 팔로워가 많은 사람 중심으로 선발하는 경향이 있다. 그러나 이 눈에 보이는 팔로워 숫자에 속지 말 것을 당부한다. 인스타그램의 팔로워는 돈으로 구매할 수 있다.

개인 인스타그램 계정을 이용하는데도 가끔 DM으로 광고 메시지를 받곤 한다. 한국인 팔로워 구매 혹은 좋아요 구매를 유도하는 대행사들의 광고다. 물론 인스타그램의 정책에 반하는 프로그램이기 때문에 혹시라도 이 유혹에 흔들려 브랜드 계정에 팔로워 뻥튀기를 시도했다면 그 계정은 언제 인스타그램의 제재를 당해도 이상하지 않다. 인스타그램은 비정상적 접근이나 비정상적 활동을 금지하고 싫어한다. 그럼에도 그런 위험을 감수하고 그저 팔로워 숫자를 늘리는 것에만 관심이 있다면 다시 한번 생각하라고 조언하고 싶다.

비즈니스에 꼭 필요한 것은 팔로워가 많은 인플루언서가 아닌 고객이 될 수 있는 잠정 고객의 계정과 그 계정의 주인과의 성향이 비슷한 지인들이다. 팔로워가 몇천 몇만 명이지만 올라오는 피드에 좋아요가 10여 개밖에 안 되고 댓글이 몇 개 없다면 이 계정은 결코 정상적인 계정이 아니다. 또한, 그 많은 팔로워가 활동성이 전혀 없는 유령계정이거나 인도 혹은 이란 지역의 비정상계정이라면 그 팔로워들은 내 브랜드에 전혀 도움이 되지 않는 팔로워다.

실제로 인스타그램에서 체험단 모집을 해보면 이런 유령계정으로 뻥튀기 된 팔로워를 가진 계정들과 인스타그램 이벤트 체험단만을 목적으로 운영하는 전단지 같은 계정들이 지원을 많이 한다. 이들은 서로의 커뮤니티도 있고 한 사람이 몇 개의 계정을 동시에 운영하면서 서로의 계정을 소환하고 좋아요와 댓글을 주고받기도 한다. 나름의 체계적인 이벤트 신청을 하지만 계정을 클릭해보고 역추적을 해보면 이 계정이 과연 내 브랜드에 도움이 되는 계정인지 아닌지를 판단할 수 있다.

필자가 운영대행을 맡아 이벤트나 체험단을 진행할 때 이런 계정은 절대 선정하지 않는다. "그걸 어떻게 다 구분해요?"라는 질문을 꽤 받는데 그럴 때마다 확실히 대답할 수 있다.

"네, 저는 신청자 계정을 다 들어가 봅니다."

미련하게 보이는 방법일 수 있지만, 요행은 없다. 이 방법이 제일 확실하고 안전하며 명확한 방법이다.

대가를 주든 안 주든 혹은 체험단이든 이벤트든 내 제품을 주거나 소소한 상품을 줄 때도 절대적인 비용이 든다. 사업주의 돈은 소중하지 않은 돈이 없다. 아무리 적은 돈을 쓴다고 하더라도 효과적이고 올바르게 사용되어야 한다는 것이 필자의 철칙이다. 이 때문에 이벤트 헌터 계정이나 비정상적인 방법으로 계정을 키운 허구의 팔로워가 많은 계정은 무조건 제외한다.

팔로워가 많은 인플루언서가 필요한 것이 아니라 내 브랜드를 구매할 가능성이 큰 내 고객이 필요한 것이라는 것을 기억하기 바란다. 아무리 팔로워가 몇천 몇만 명 있어도 그 사람들이 내 제품을 구매할 고객이 아니라면 거기에 사용하는 비용은 모두 헛돈을 쓰는 것일 뿐이다.

내 제품을 구매할 고객이 어떤 사람인지를 명확히 하고, 그 사람에게 혜택을 줘야 한다. 예를 들어 운동할 때 사용하는 스포츠 테이프를 판매하는 사업의 경우, 팔로워가 1만 명인 뷰티 모델을 선정하는 것이 아닌, 팔로워가 100명뿐이라도 운동 일지를 매일 올리는 계정을 선정해야 한다. 그 팔로워 100명은 운동에 관심 있는 사람들일 가능성이 훨씬 크고, 이 사람들이 진짜 내 제품의 고객의 될 가능성이 큰 사람들이기 때문이다.

아무리 인지도가 낮은 브랜드의 계정이라 할지라도 팔로워가 많은 인플루언서를 활용할 필요가 없다. 그 한 명의 인플루언서를 이용할 예산으로 10명의 내 고객이 될 가능성이 큰 소소한 계정들의 예비 고객에게 혜택을 주는 것이 더 효과가 좋을 것이다.

PART 4

고객을 사로잡는 7가지 마케팅 법칙

01

누가 우리의 진짜 고객인가를 고민하라

　유산슬, 유팡, 유르페우스, 닭터유, 지미유, 유야호, 모두 다른 단어지만 모두 한 명을 지칭한다. 바로 국민 MC 유재석이다. 한 명의 인물이 또 하나의 가상 세계관을 바탕으로 전혀 새로운 캐릭터로 살며 원래의 본인과 설정한 캐릭터를 철저히 분리하고 있다. 이 분리성에 따라 말하는 톤과 성격도 다르지만, 해당 캐릭터마다 만나는 사람이 다르다는 특징이 있다. 이를 우리는 부캐릭터 짧게 줄여 '부캐'라고 부른다.

　바야흐로 부캐 전성시대. 새롭게 시작한 MBC 주말 예능 프로그램 〈놀면 뭐하니?〉가 명실공히 〈무한도전〉의 뒤를 이은 MBC 대표 예능이 될 수 있었던 것은 이 부캐 때문이었다는 건 역시 부인할 수 없는 사실이다. 이 프로그램은 여전히 다양한 부캐를 활용해 〈놀면 뭐하니?〉를 더욱 풍성하게 만들어가고 있다.

부캐는 직접 부캐를 연기하는 사람, 그 연기를 지켜보는 사람 모두가 과몰입해 진정성이 더해지면 더해질수록 재미있어지고 생명력을 얻게 된다. 전 국민에게 유산슬이라는 유재석의 부캐가 크게 사랑받고 그 부캐가 본캐릭터만큼 성장할 수 있었던 것은 연기자로서 유재석과 제작진의 세계관 몰입도가 높았기 때문이다.

철저하게 유재석과 유산슬을 분리해 인격과 배경을 설정하고 모두가 한마음이 되어 새로운 캐릭터에게 생명력을 불어넣었다. '트로트 신인가수 유산슬'이라는 설정에 맞춰 트로트 전문가들을 만나고 유산슬에 맞는 옷을 입고, 맞는 노래를 부르며 트로트를 사랑하는 고객들을 찾아다녔다.

여타 트로트 신인가수들이 그러하듯 작은 행사 및 시장에도 찾아가 트로트를 불렀다. 물론 'MBC와 유재석'이라는 거대한 후광의 힘이 전혀 없었다고 할 수는 없었지만, 유산슬을 국민 MC 유재석이 아닌 신인가수 유산슬로 받아들이며 함께 즐거워할 수 있었던 것은 모두가 그 캐릭터에 진심이었기 때문이다. 심지어 그해 MBC 연예대상에서 유산슬이 신인상을 받기도 했다. 단순히 예능의 한 캐릭터로 치부해 유재석에게 더 큰 상을 줄 수도 있었지만, 방송국조차 부캐의 세계관에 과몰입해 연말 시상식에 상까지 준 것이다.

이러한 과몰입된 부캐가 성공을 거두자 다양한 연예인들에게도 부캐 바람이 불었고 여전히 잘 사용되고 있다. 부캐가 많은 사람에게 사랑받고 또 다른 인격체로 인식될 수 있는 가장 큰 이유는 본캐릭터와의 철저한 분리를 통해 부캐에 서로가 과몰입하기 때문이다.

흔히 연예인은 인기를 먹고 산다고들 한다. 연예인으로서 본인의 캐릭터는 말 그대로 대중에게 사랑을 받아야 하는 직업이다 보니, 그 인지도나 인기에 따라 몸값이 결정된다. 소위 대한민국 탑이라 불리는 연예인들을 제외하고는 국민 전체에게 사랑을 받기가 어려운 것이 현실이다.

그러나 부캐는 명확한 콘셉트로 소수의 팬층을 잡고자 한다. 트로트 신인가수 유산슬은 트로트를 좋아하는 장년층이었고, 개그우먼 김신영의 가장 사랑받은 부캐 둘째 이모 김다비는 직장인에게 사이다 같은 노래를 발표함으로써 직장인들의 무한 지지를 받았다.

이 부캐의 힘이 더 대단한 것은 타깃으로 잡은 팬들만 팬이 되는 것이 아니라는 점이다. 이 부캐가 자신만의 세계관을 진심으로 밀고 나가며 본캐릭터와는 전혀 다른 캐릭터를 대중에게 선보이는 그 모습이 공감과 재미를 동시에 유발했고, 이에 타깃으로 삼지 않은 다른 타깃까지 팬으로 사로잡게 된 것이다. 본캐릭터로서는 전혀 빛을 보지 못했던 무명 개그맨들이 유튜브 채널을 통한 다양한 부캐들로 큰 인기를 얻게 된 것과 같은 맥락이다.

이 부캐라는 단어를 좀 더 있어 보이는 단어로 설명하자면 '페르소나'라고 할 수 있다. '페르소나'라는 단어를 들어본 적 있는가? 명실상부 세계적인 아티스트 BTS의 앨범 중에도 '페르소나'라는 제목을 가진 노래가 있다. BTS가 노래하는 페르소나는 심리학자 칼 융(Carl Jung)이 제시한 정신과 자아, 집단 무의식 등을 깊이 탐구하는 등 단순히 대중음악이라기보다는 한 차원 더 심오한 의미를 담고 있다. 그렇지만 우리는 단순하게 부캐라고 이해하면 되겠다.

브랜드와 마케팅도 마찬가지다. 대부분의 사업주는 대한민국 전국민에게 내 제품 혹은 내 서비스를 판매하고 싶어 한다. 사업주와 1:1 컨설팅을 할 때 고객에 대한 질문을 많이 하는 편이다. 대표님의 타깃 고객이 누구냐고 질문에 대한 답을 기다리면 적게는 3가지에서 많게는 10가지 이상도 언급하는 분들이 대부분이다.

이렇게 타깃이 다양하고 많아지면 메시지도 많아지고 지저분해진다. 그 어떤 대단한 제품이나 서비스도 모두를 만족시킬 수 없다. 하물며 내 제품 혹은 내 서비스가 대한민국 국민 모두를 만족시킨다? 냉정하게 들릴지도 모르지만, 이는 불가능한 일이다.

내 제품 혹은 내 서비스가 모두를 만족시킬 수 없음을 인정하고 받아들여야 다음 단계로 나아갈 수 있다. 아직도 전 국민을 대상으로 내 제품을 팔고 싶은가? 아니, 팔 수 있다고 생각하는가? 그런 마음이 들 땐 좀 더 냉정하게 내 제품이나 서비스를 분석해보길 권한다.

누가 우리의 진짜 고객인가를 고민해보자. 나만의 고객을 찾으려면 어떻게 해야 할까? 우선 내 브랜드를 위한 부캐, 즉 페르소나를 먼저 설정해야 한다. 여기서 중요한 것은 이 페르소나가 단순한 판매자가 아닌 공감을 바탕으로 캐릭터와 세계관을 설정해야 한다는 점이다. 억지스럽지 않으면서 장기적으로 지속할 수 있는 나만의 캐릭터여야 한다.

스스로가 몰입할 수 없는 캐릭터와 세계관은 고객도 몰입할 수 없을 뿐 아니라 사업주 스스로도 장기적으로 유지할 수 없게 된다. 이런 캐릭터는 브랜드 정체성을 흐리게 할 뿐 아니라 처음부터 메시지가 명확하지 않을 수도, 여러 영향에 따라 흔들리는 메시지가 나타나게 될 수도 있다.

사업주가 스스로 몰입할 수 있으면서도 장기적으로 유지할 수 있는 캐릭터와 세계관을 정하기 위해서는 사업주의 관점 변화가 선행되어야 한다. 내 제품 혹은 내 서비스만을 바라보던 관점이 아닌 고객을 가장 먼저 생각하고 모든 메시지가 고객으로부터 시작되어야 한다.

따라서 가장 먼저 해야 할 것은 과연 나는 누구에게 팔 것인가를 먼저 고려해야 한다. 내 고객은 내가 스스로 정의해야 한다.

진짜 내 고객이 될 타깃 고객은 좁으면 좁을수록 좋다. 더 극단적으로 말해서 단 한 명의 페르소나 고객을 설정하라고 말한다. 직업, 나이, 성별, 성향, 기호 등 구체적이면 구체적일수록 좋다. 마치 소설 속 주인공처럼 눈으로 생생히 묘사하며 설명할 수 있을 정도로 디테일한 인물을 설정하는 것이 좋다.

이렇게 너무 구체적이고 좁게 설정하는 게 맞을까 싶을 정도로 구체적이어야 한다. 그래야만 그 고객은 모두에게 하는 이야기가 아닌 바로 나에게 하는 이야기라고 여길 수 있기 때문이다. 딱 한 명의 페르소나를 정하고 그 사람에게 편지를 쓰듯이, 대화를 하듯이 브랜딩 메시지와 마케팅 메시지를 전달해야 한다. 그 메시지를 접한 사람이 '와, 완전 나한테 하는 이야기네!'라는 생각이 들 정도로 말이다.

이렇게 타깃을 좁혀 한 사람에게 전하는 메시지처럼 전하는 방법은 메시지를 듣는 고객에게도 더 큰 공감으로 다가오지만, 메시지를 전달하는 사업주에게도 훨씬 쉬운 방법이다. 수많은 대중 앞에서 내 제품과 내 서비스를 구매해달라고 소개하는 것은 생각만으로도 어렵고 떨리는 일이다. 어떤 프레젠테이션을 준비해야 하는지 막막하기만 할 것이다. 그러나 내 친구 딱 한 명에게 내 제품과 서비스를 소개한다고 해보자. 이 친구가 좋아하는 것과 필요한 것들을 나는 잘 알고 있다. 그 포인트를 공략해 친구를 설득하는 것은 훨씬 마음도 편하고 쉬운 일인 것이다.

브랜딩과 마케팅도 마찬가지다. 대한민국 모든 국민이 내 제품과 내 서비스를 알고 구매했으면 좋겠다는 마음에 만들어낸 모두를 겨냥한 메시지는 그 누구도 만족시킬 수 없을 뿐 아니라 어느 사람도 나에게 전하는 메시지라고 생각할 수 없게 된다. 이렇게 되면 결국 아무도 내 고객이 되지 않는 최악의 상황이 되고 마는 것이다.

컨설팅을 하다 보면 "얼마나 좁게 고객을 설정해야 한다는 거죠?"라고 반문하는 분들이 꽤 있다. 그럴 때마다 제발 모호하지 않게 최대한 뾰족하고 구체적인 딱 한 명을 생각하며 고객을 구체화하라고 당부한다. 쉽사리 그러겠다고 하지 못하는 이유는 의심되기 때문이다. 이렇게 한 명을 잡으면 딱 그 한 사람만 고객이 될까 봐 말이다.

하지만 결코 그렇지 않다. 우선 정말 내가 설득하고 싶고 내 제품을 팔고 싶은 단 한 사람의 페르소나를 설정해보자. 내 고객은 그 한 명에서부터 시작될 것이다.

02

가치 있는 스토리를 이야기하라

"내가 재미있는 이야기해줄까?"라는 말을 들으면, 반사적으로 눈이 반짝반짝해지며 몸을 반쯤 앞으로 기울여 "뭔데? 뭔데?"라고 금세 흥미를 보이는 것은 자연스러운 일이다. 우리는 이야기를 좋아한다. 어린 시절 머리맡에서 부모님이 들려주는 동화가 이야기였으며, 두세 사람만 모여도 끊임없는 이야기와 소통이 이뤄진다. 스토리가 없는 브랜드는 살아남지 못한다. 이제 우리도 이야기를 보자. 한 브랜드가 이야기를 할 때는 누구를 위한 것인지가 중요하다.

사람들에게는 남이 아닌 내가 가장 중요하다. 따라서 이 이야기 또한 사업주 본인의 이야기가 아닌 나의 페르소나, 나의 고객에 대한 이야기여야 한다. 사업주와 컨설팅을 위해 이야기를 하다 보면 대화의 중심에는 항상 그 사업주의 제품 혹은 서비스가 있다. 주인공이 판매하는 제품이나 서비스인 것이다.

하지만 이 거대한 마케팅의 세계에서 주인공은 늘 고객임을 잊어서는 안 된다. 주인공이 고객이 아닌 제품이나 서비스를 이야기하면 고객은 금세 흥미를 잃는다. 내가 주인공이 아닌 이야기는 재미가 없기 때문이다.

보통 브랜딩이나 온라인 마케팅 강의를 마치고 나면 온라인으로 후기를 받거나 채팅으로 피드백을 받기도 한다. 강의가 너무 좋았다고 해주시는 피드백에 어떤 부분이 좋았냐고 물어보면, 바로 적용할 수 있는 방법과 다양한 사례를 보여줘서 이해가 잘 됐다는 피드백이 꽤 있다. 사람들은 딱딱한 이론보다 스토리를 더 잘 기억하기 때문에 이를 강의 자료를 준비할 때도 적절하게 활용하는 편이다.

필자는 강의 의뢰를 받고 그 강의 자료를 준비할 때, 최대한 이론은 쉬운 말로 풀어 이야기처럼 준비하고 그 이론을 잘 설명해줄 수 있는 동종 업계의 다양한 사례를 찾아 준비한다. 단순히 계정이나 홈페이지만 보여주는 것이 아니라 그 사례에 거론되는 회사의 이야기를 들려주는 것이다. 왜 이 사례의 계정이 잘 운영되고 있는 것인지, 이 사례는 이 이론을 어떻게 설명해주고 있는 것인지 말이다.

이렇게 스토리를 바탕으로 강의를 하면 이론은 기억나지 않아도 그 업체의 스토리는 기억이 난다. 결국엔 이론까지 자연스럽게 다시 되새기게 하고 실제 그 업체를 찾아볼 수 있도록 해주는 것이다.

제품이나 서비스에 대한 메시지를 전달할 때도 스토리로 전달하면 더 기억에 남을 수 있다. 스토리에 대한 이해를 잘해야 한다. 여기서 이야기하는 스토리는 억지로 만들어낸 옛날이야기 같은 것이 아니다. 뭔가 잘 짜인 연극 대본처럼 주인공과 조연, 악역이 있고 플롯이나 갈등을 만들어내 역경을 극복하는 브랜드 스토리를 생각할 수도 있지만, 이것도 아니다.

사업주에게 필요한 스토리는 내 고객들에게 혹은 내 고객들끼리 간단히 전달하며 공감할 수 있는 정도의 에피소드여야 한다. 이 에피소드에 기업의 열정이나 가치관이 담겨 있어 메시지를 듣는 고객의 가슴에 와닿을 수 있는 것이 좋은 스토리일 것이다.

사람들은 공감할 수 있는 진실한 이야기를 좋아한다. 그 이야기를 함께 나눔으로써 유대감이 형성되고 '나와 같은 생각을 가진 사람이 이렇게 많구나'라는 소속감을 통해 안정감을 느끼게 된다. 이러한 감정과 경험은 고스란히 각자의 SNS를 타고 전파되며 그렇게 공유된 경험은 또 다른 이들의 행동을 일으키게 된다.

이것이 바로 스토리의 힘이며 우리가 제품이 아닌 가치를 이야기해야 하는 이유다. 따라서 기업은 명확하고 지속 가능한 가치를 이야기해야 하며, 이 이야기가 내 고객들의 마음에 와닿을 수 있는 스토리가 되어야 한다.

'착한 소비'라는 단어는 더 이상 낯선 단어가 아니다. 무조건 저렴한 제품이나 서비스만을 구매하는 고객도 분명히 있지만, 그 이상의 스토리와 가치를 구매하는 고객들이 점점 늘어나고 있다. 그래서 착한 소비를 외치는 기업들이 점점 많아지고 있다. 환경과 동물의 권리에 관해 이야기하고, 나아가 지구를 생각하며 앞으로 이 지구에서 살아가게 될 후손의 안녕을 걱정한다.

'피부도 살리고 지구도 살린다!'라는 슬로건을 내세운 대한민국 화장품 브랜드가 있다. 기존의 화장품은 '기능'적인 면에 초점이 맞춰진 브랜딩 메시지가 주를 이뤘다. 그런데 이 브랜드는 '생명과 환경을 지키는 지속 가능하고 효과적인 제품을 만들고, 지구환경을 온전한 상태로 되돌리기 위해 환경 보전과 복원에 적극적으로 나섭니다'라는 메시지를 브랜드 마케팅 메시지로 전면에 내세우고 있다.

이 메시지를 바탕으로 한 창업자의 스토리 또한 결이 맞닿아 있다. 이 브랜드의 창립자는 '신의 직장'이라 불리는 금융 회사에 다니던 평범하지만, 사회적으로 성공한 회사원이었다. 우연히 접한 아로마테라피를 통해 본인이 어려서부터 가지고 있던 건조하고 예민한 피부의 원인이 그동안 사용해온 기존 화장품이나 생활용품에 들어 있는 합성 향과 유해 성분 때문이라는 것을 깨닫게 됐다.

합성 화학 성분을 통한 일시적인 효과가 아닌 근본적으로 건강한 피부를 위해 믿을 수 있는 성분으로 만든 화장품이 필요했고, 이에 직접 원료를 수입해 화장품 회사에 판매하기 시작했다. 하지만 좋은 성분일수록 가격이 높고 공정이 까다로워 기존 화장품 회사들은 저렴한 원료를 포기하려고 하지 않았다. 결국, 이 창업자는 기존 화장품 업체가 이러한 이유로 고객을 위한 유해 성분을 포기하지 못하니 직접 믿을 수 있는 원료로 화장품을 만들어야겠다는 다짐과 함께 2004년에 이 브랜드를 탄생시켰다. 이 브랜드는 바로 '아로마티카'다.

이러한 창업자의 스토리는 "천연 유기농 화장품의 불모지였던 한국에서 안전한 화장품을 만들기 위해 그 어떤 타협도 없이 '아로마티카'만의 길을 걸어온 것처럼, 앞으로 언제나 안전하고 건강하며 동시에 지속 가능한 아름다움을 위해 '아로마티카'가 앞장서겠습니다"라는 브랜드 스토리로 세상에 나오게 됐다.

'아로마티카'가 시작된 2004년에는 지금처럼 환경이나 가치에 대한 인식이 높지 않았던 것이 사실이다. 그런데도 '아로마티카'의 스토리에 공감하는 사람들은 생각보다 많았고 지속적으로 이 스토리와 메시지를 세상에 외치며 이 스토리와 맞닿아 있는 다양한 활동들을 꾸준히 하며 그 영역을 넓혀나가고 있다.

2022년의 '아로마티카'는 브랜드 이름만 대도 웬만하면 다 아는 유명한 브랜드가 됐고, 여전히 처음의 가치 스토리를 지향하며 더욱 탄탄한 입지를 굳혀가고 있다. 그에 맞춰 '아로마티카'는 꾸준히 성장하고 있다.

사업주 입장에서 본인이 만든 브랜드의 가치와 철학이 담긴 스토리를 탄탄히 만들어놓으면, 그 이후 사업을 운영해 나가는 데 큰 지침이 된다. 본인의 브랜드를 시작하면서 단기로 운영하고 말아야 겠다는 생각으로 시작하는 사업주는 아마 없을 것이다. 보통 장기적인 목표와 비전을 가지고 잘 키워나가는 큰 그림을 그리며 사업을 시작한다.

사업을 시작하며 잘 세워놓은 브랜드의 가치 스토리는 튼튼한 뼈대가 되어 그 브랜드가 나아갈 방향을 명확히 알려준다. 그 뼈대를 토대로 피가 되고 살이 되는 필요한 활동이나 제품 등을 더욱 확장해갈 수 있다. 만약 브랜드 스토리가 가치가 아닌 제품이나 서비스 자체만을 이야기한다면 고객에게 공감을 불러일으킬 수도, 진짜 고객을 만들 수도 없을 것이다. 그뿐만 아니라 사업주 스스로도 장기적으로 밀고 나갈 힘이 부족함을 느끼게 되어 결국 흐지부지한 상태가 될 수도 있다.

지금의 고객들은 무조건 싼 것만을 구매하지 않는다. 물론 그런 고객들도 있을 수 있지만 내 브랜드의 고객은 내가 정하는 것이다. 본인이 지향하는 가치에 대한 가치 있는 소비를 자랑스럽게 여기며 공유하는 시대에 살고 있다.

사업주는 이러한 시대의 흐름과 고객의 흐름을 잘 읽어야 한다. 단편적인 눈앞의 매출에만 집중하기보다는 소중한 내 자산이 될 브랜드 가치를 탄탄히 다지고 내 고객의 스토리를 내 브랜드 스토리로 만드는 데 집중해야 할 때다. 과연 내가 내 고객에게 전달하고 싶은 핵심 가치는 무엇인지부터 고민해봐야 할 것이다.

03

많은 팬보다 단 한 명의 진성 팬이 중요하다

BTS가 지금의 범세계적인 아티스트가 될 수 있었던 가장 큰 원동력은 그 팬덤인 아미(ARMY)의 힘이 8할이었다. 아이돌 그룹이 넘쳐나던 2013년에 데뷔한 뒤 한동안 크게 빛을 보지 못했고 그대로 역사 속으로 묻힐 수 있었음에도 이들을 지탱하고 빛으로 꺼내준 것은 바로 아미였다. 지금처럼 거대하지 않은 초창기 소수의 전 세계 아미들이 미국의 라디오에 지속적으로 BTS의 노래를 신청해 미국 시장 진출 발판을 마련해주었고, 본인들의 SNS를 활용해 한국의 콘텐츠를 전 세계로 퍼뜨렸다.

이 작은 날갯짓이 조용하지만 큰 파도가 되어 지금의 BTS를 만들어주었다. BTS 또한 이 아미의 지지와 사랑을 느끼기에 모든 일에 0순위로 아미를 언급하며 사랑을 표현한다. 서로를 향한 끈끈한 지지와 연대가 더욱 탄탄한 팬층을 만들었고 여전히 견고한 전 세계적인 팬덤이 됐다.

팬은 아주 핫한 연예인에게만 있는 것이 아니다. 오랫동안 활동하는 연예인에게는 오래된 팬들이 있다. 인기를 먹고사는 연예인들에게 팬이란 단순한 팬의 의미를 넘어서 그 연예인이 연예인으로 살아갈 수 있게 해주는 버팀목이자 소중한 자산이다.

브랜드도 마찬가지다. 오래가는 브랜드가 되기 위해선 그 브랜드만의 팬이 필요하다. 앞에서 수없이 이야기한 마케팅의 첫 번째 요소는 고객이다. 단순히 나만의 고객을 정하는 것에서 끝나는 것이 아니라 이 고객을 내 브랜드의 팬으로 만들어야 한다. 우연히 내 제품이나 서비스를 구매하는 사람은 '고객'이다. 이 우연한 구매 이후 재구매를 하고, 또 찾는 고객을 '단골'이라 칭한다. 여기서 한발 더 나아가 우리 브랜드가 무엇을 팔아도 구매를 하는 고객은 단골을 넘어서 '팬'이라 부를 수 있다.

요즘 MZ 직장인들에게 큰 지지를 얻고 있는 브랜드 '모베러웍스'라는 브랜드가 있다. 이 브랜드는 7명의 팀원이 모여 만든 디자인 전문 크리에이티브 그룹인 '모빌스 그룹'이 만든 신생 브랜드이다. 이 브랜드는 이들이 운영하는 유튜브 채널 〈모티비〉에서 시작되어 브랜드를 만들어나가고 이 브랜드로 회사를 꾸려나가는 과정과 여정을 보여줬다.

브랜드를 만들어야겠다고 결심한 이들은 '솔직한 과정'을 공유하기로 했다. 보통 새로운 브랜드가 만들어질 땐 모든 것을 미리 아무도 모르게 준비한 뒤 멋지게 완성된 모습으로 짜잔~ 하며 브랜드를 드러낸다. 하지만 이들은 달랐다. 하나의 브랜드가 만들어지는 치열하고 어쩌면 지루하면서도 거칠지만 반드시 존재해야 하는 과정들을 가감 없이 유튜브로 공유했다.

그 과정에서 담당자가 갑작스럽게 다치게 된 사건, 아이디어가 풀리지 않아 고뇌하는 팀원들의 고군분투, 힘들게 찍은 영상 데이터를 통째로 날려버린 위기 상황을 헤쳐나가는 과정 등을 가감 없이 진솔하게 영상에 담았다. 이러한 우여곡절 끝에 2019년 가을, '모베러웍스'를 론칭할 수 있었고, 당시 채널의 구독자가 300여 명이었는데 하루 동안 팔린 후드 티셔츠는 100여 장이었다.

큰 회사에서 보기엔 너무 미비한 숫자의 성과일 수도 있지만, 이 브랜드에겐 아주 중요하고도 괄목할 만한 성과였다. 실제로 멋진 브랜드의 완성을 보고 좋아한 팬들이 아닌 이 브랜드가 어떻게 탄생하고 힘든 과정을 거쳐 만들어지는 솔직한 모습을 보고 진성 팬이 됐고, 그중 무려 100여 명이나 구매했으니 실로 엄청난 성과가 아닐 수 없다. 지질한 과거의 모습을 계속 지켜보며 오랜 시간 동안 곁에서 응원해준 오래된 친구들과 끈끈한 연대감 같은 감정인 것이

리라.

이 소수의 진성 팬들의 힘은 이 브랜드가 더욱 앞을 향해 나아갈 수 있게 하는 원동력이 됐고, 실제로 론칭 한 달 후 크리스마스에는 구독자가 1,000명이 되는 급상승 결과를 보여줬다. 지금 〈모티비〉는 구독자 6만 명을 눈앞에 두고 있으며 '모쨍이'라 부르는 구독자 애칭으로 팬들을 부르고 있다. 그뿐만 아니라 이들의 이야기를 담은 책을 펴내고 다양한 브랜드가 협업하기를 번호표 뽑고 기다리는 말 그대로 핫한 브랜드가 됐다.

이 모든 과정에는 든든한 '모쨍이'들의 온오프라인 지지가 있었음은 의심할 여지가 없다. 여전히 이들은 그들의 초심을 잃지 않고 모든 프로젝트의 전 과정을 〈모티비〉를 통해 공유하고 있다. 브랜드 초반의 '모쨍이'들에게 '모베러웍스'란 나만 알고 싶은 브랜드였다. 아이러니하게도 한 브랜드가 나만 알고 싶은 브랜드가 될 때, 많은 사람이 사랑하는 브랜드가 된다.

멋진 브랜드는 계속해서 쏟아져 나오고, 사람들의 눈은 점점 높아지며 더욱 똑똑해지고 있다. 누구든 마음만 먹으면 생산자가 될 수 있는 시대다. 외관이 멋지고 훌륭한 브랜드들도 끊임없이 시장에 나오고 있고 많은 사람과 더욱 친밀한 관계를 맺으려 한다. 이러한 브랜드의 홍수 속에서 내 작고 소중한 브랜드가 살아남는 데 필요한 무기는 진솔함에서 오는 솔직한 과정이며, 이 과정을 지지하는 단 한 명의 팬이 필요한 것이다.

이렇게 날것의 과정을 공유받은 팬은 이 브랜드에 단순한 충성심이 아닌 마치 내 브랜드인 것 같은 소속감과 연대감 같은 것이 생기게 된다. 공감을 토대로 이뤄진 이 끈끈한 소속감과 연대감은 누가 시키지도 않았는데 스스로 사람들을 더 끌어모으게 되고 오프라인 행사라도 있을라치면 물리적인 거리에도 상관없이 원정을 하게 만든다.

실제로 '모베러웍스'의 상징적인 5월 1일의 오프라인 행사에는 전국 각지에서 모여든 '모쨍이'들 덕분에 1,000명의 사람이 아침 일찍부터 행사장 주변에 모여 장사진을 이뤘고, 열흘간 판매하기 위해 준비한 유리컵 500개는 하루 만에 다 팔렸다.

마치 좋아하는 연예인의 오프라인 팬미팅 행사에 참여하기 위해 지방에서 기차를 타고 올라와 준비한 선물도 주고 눈도 맞추고 사인도 받고 굿즈도 사는 팬덤의 행동과 크게 다르지 않았던 것이다. 연예인의 팬덤이 아닌 한 브랜드의 팬들도 연예인의 팬덤 못지않은 화력과 애정으로 내 최애 브랜드를 물심양면 빛나게 하고 있다.

이러한 진성 팬들의 화력과 사랑을 직접 눈으로 확인한 이 브랜드는 지속적인 성장과 발전을 거듭하고 있으며 새로운 시도를 멈추지 않고 있다. 이 과정 역시 오래된 '모쨍이'들 뿐 아니라 새롭게 덕질 대열에 합류한 '모쨍이'들에게도 공감과 인사이트 충만한 브랜드로서 그 입지를 굳건하게 다져가고 있다.

여전히 〈모티비〉가 무엇인지, 혹은 '모베러웍스'가 무슨 브랜드인지 전혀 알지 못하는 사람들이 훨씬 많다. 중요한 것은 사람들은 각자 다른 것을 원하고, 자기가 원하는 것만 찾는다. 그렇기 때문에 '모베러웍스' 또한 모든 사람을 만족시킬 수 없다. 당신은 여전히 대한민국 모두를 만족시키기 위해 노력하고 있는가?

모든 사람을 만족시키는 만인의 브랜드가 아닌, 그저 단 한 명이라도 내 브랜드의 철학과 스토리를 진심으로 사랑하고 공감하는 사람이 있다면 그것으로 충분하다는 생각을 가지는 브랜드가 되어야 한다. 그 한 명이 두 명이 되고 곧 열 명이 될 수 있다. 드넓은 바다를 한 스푼의 염료로 물들일 수는 없지만 작은 어린이용 풀장은 충분히 물들일 수 있다. 그것도 넓다면 세숫대야는 물들일 수 있지 않은가? 우선 내 눈앞의 세숫대야부터 내 염료로 물들인 다음 조금씩 넓혀가려는 마음가짐이 필요하다.

단 한 명의 팬이 몰고 올 나비효과는 그 누구도 예측할 수 없다. 존재하는지도 몰랐던 아이돌 그룹 EXID가 갑자기 역주행하게 된 것도 단 한 명의 팬이 찍은 직캠 영상에서 시작됐다는 것을 잊지 말자. '어떤 방법으로 단 한 명의 팬을 모을까, 어떻게 포장해야 내 브랜드의 팬을 만들 수 있을까' 하는 생각보다는 좀 더 진솔한 모습으로 브랜드를 드러내보자.

'무엇을 만들어서 어떻게 보여줄까' 하는 생각은 결국 포장이라는 단계를 거치게 되고 그 포장지 속으로 진정성이 가려지기 때문에 진심이 느껴지기가 어렵다. 단 한 명의 팬을 만드는 데는 생각보다 그렇게 멋들어진 포장지가 필요하지 않다. 사업주 스스로가 가진 철학, 스토리, 과정을 가감 없이 진솔하게 공유하고 나눴을 때 그 진심에 공감하고 지지를 보내는 진짜 팬 한 명을 만날 수 있을 것이다.

결국엔 그 한 명의 팬이 사업주가 앞으로 나아갈 수 있는 큰 힘이 되고 더욱 성장할 수 있는 원동력이 될 것이다. 많은 사람을 팬으로 만들고 싶은 마음은 누구에게나 있는 마음이다. 그렇지만 마음만큼 현실이 힘든 것 또한 사실이다. 모두를 위한 마케팅이 아닌 딱 한 명의 진성 팬을 위한 브랜딩과 마케팅을 시작해보자. 모든 것이 훨씬 쉬워질 것이다.

04

최소한의 필요한 고객을 정하라

그 어떤 대단한 브랜드라도 세상의 모든 사람을 만족시킬 수는 없다. 그래서 내가 이야기하는 핵심 가치와 메시지에 공감하는 고객을 찾아야 한다. 이는 대충 어떤 사람들이 내 브랜드 혹은 내 제품, 내 서비스를 좋아했으면 좋겠다는 바람에서 멈춰서는 안 된다. 사업주로서 사업을 시작했고 적지 않은 돈을 투자해 나만의 브랜드 혹은 나만의 사업, 나만의 제품을 세상에 선보이기로 했다면 최소한 이를 장기간 유지할 계획을 세워야 하고, 실제로 유지해야 한다.

폐업하기 위해 사업을 시작하는 사람은 아무도 없다. 그런데도 창업과 폐업은 전국 도처에서 매일 쉬지 않고 일어난다. 수많은 자영업자가 매일같이 문을 닫는 뉴스가 들린다고 하더라도 나만은 그런 사례가 되고 싶지 않은 것이 각자의 마음속에 품고 있는 생각이다. 그렇게 비즈니스를 장기간 유지하고 유지를 넘어서 성장을 하기 위해서는 지금 눈앞의 목표를 명확하게 알아야 한다.

단순히 많이 팔렸으면 좋겠고, 우리 브랜드가 많은 사랑을 받았으면 좋겠다는 추상적인 말은 전혀 도움이 되지 않는다. 소비자가 고객이 아닌 내 비즈니스를 운영하는 사업주가 되기로 마음을 먹었다면 정확한 계산과 냉정한 판단 또한 반드시 필요한 덕목이다.

저물어가던 수제화 거리로 유명한 서울숲 근처 성수동이 젊은 세대들에게 새로운 핫플레이스로 주목을 받게 된 것은 그리 오래되지 않았다. 성수동은 구로구와 함께 흔히 서울의 공장지대 하면 떠오르는 지역이었다. 오래된 수제화 공방이나 공장지대는 점점 줄어들었고 주거지역과 업무지구로 지속적인 발전이 이뤄지고 있다.

이곳은 홍대 거리 지역의 급격한 월세 폭등 이후 소셜 벤처나 예술가들, 카페, 음식점 등 다양한 소상공인들이 옮겨온 지역 중 하나이기도 하다. 이와 더불어 위치적으로 강남과 멀지 않은 지역으로 최근 고급 아파트들이 들어서고 현재 서울에서 땅값이 제일 가파르게 오르는 지역 중 하나다. 높은 월세 때문에 홍대 거리에서 성수동으로 넘어왔는데, 성수동도 이제 더 이상 저렴한 지역이 아닌 지역이 되어버린 것이다.

몇 년 전 친한 지인이 성수동에 카페를 오픈했다. 그 카페의 위치는 지금도 그렇지만 몇 년 전-성수동이 이토록 핫한 지역이 되지 않았을 때-에는 더욱 사람들의 발길이 닿지 않는 주거지역의 한 귀퉁이였다. 역에서도 멀고 근처에 뭔가 사람들이 많이 지나다닐 수 있을 만한 것이 딱히 있지도 않은 지역 말이다.

그 당시 성수동은 다양한 카페들과 음식점들이 굉장히 공격적으로 들어오던 시기였다. 잃어버린 홍대 감성을 채우기 위해 성수동에 방문하는 사람들의 시간과 지갑을 사로잡기 위해 인테리어와 메뉴들로 성수동의 풍경이 매일같이 달라지던 그런 때였다.

일반적인 소상공인 자영업자들이 오프라인 매장을 오픈할 때 고객들을 최대한 모으고 존재를 알리기 위해 다양한 노력을 한다. 오픈 초반에 방문한 고객들이 SNS를 통해 웹소문을 낼 수 있도록 다양한 마케팅 활동을 할 뿐 아니라, 더 많은 고객이 찾아올 수 있도록 하는 방법을 연구하고 실행하는 데 심혈을 기울인다. 그리고 이러한 일련의 활동들은 신생업체가 건강하게 살아남기 위해서 반드시 필요한 부분이기도 하다.

필자의 지인이 오픈한 카페는 아주 느긋했다. 콘셉트도 모호했고, 여타 성수동 카페와는 전혀 다른 행보였다. 친한 지인이다 보니 초반에 브랜딩과 마케팅에 대해 많이 이야기하기도 했다. 그럼에도 인테리어나 운영 스타일 모두 본인의 고집대로 운영했고, 몇 년이 흘러 몇 번이나 주위의 가게 상호가 없어지고 새로 생기기를 반복하는 와중에도 여전히 그 모습 그대로 운영하고 있다.

여전히 힙하지 않은 인테리어에 마케팅 활동도 전무하다. 일부러 찾아오는 고객보다는 근처에 거주하거나 근무하는 사람들이 주로 찾는 카페다. 이 사실만으로도 굉장히 놀라울 것이다. 어떻게 자영업자 모두가 힘들어 도미노처럼 폐업하던 시기에도 굳건하게 그 자리를 지키며 유지할 수 있었을까?

과연 필자가 잘못된 생각을 하고 있었던 것일까? 결코 그렇다고 생각하지 않는다. 이 지인의 카페는 여타 다른 카페와는 본질적으로 다른 점을 가지고 있다. 카페 건물의 건물주 아들이었다. 그야말로 시작점이 달라도 너무 달랐다.

오프라인 매장의 형태로 비즈니스를 하는 소규모 자영업자들에게 가장 중요하고 무서운 존재는 바로 월세일 것이다. 고객일 때는 모르던 매월 고정비 지출 때문에 하루하루 피가 마르는 경험을 가장 먼저 하게 된다. 그래서 비즈니스를 본격적으로 시작하기 전에 계산기를 잘 두드려 봐야 한다.

과연 나에게 필요한 고객은 몇 명인가 말이다. 매월 혹은 매일 들어가는 고정비를 정확히 계산하고 이를 넘어선 매출은 월에 얼마가 나와야 하는지, 그 월 매출이 나오기 위해선 하루에 매출이 얼마나 나와야 하는지, 그럼 하루에 몇 명의 고객이 방문해야 하는지 등을 꼼꼼히 따져봐야 한다.

이는 비단 오프라인 비즈니스에서만 해당하는 것이 아니다. 온라인으로 하는 비즈니스라 하더라도 월 고정비가 있고 본인의 노력과 시간도 비용이자 돈이라는 것을 염두에 둬야 한다. 오프라인 비즈니스보다는 정도가 덜하겠지만, 온라인 비즈니스라 하더라도 내가 이 비즈니스를 장기적으로 유지하는 데 필요한 최소한의 월 매출을 계산하고 그 월 매출이 달성되는 데 필요한 하루의 매출과 필요한 고객 수를 계산기 두드려가며 정확히 계산해봐야 한다.

두루뭉술하게 그저 잘됐으면 좋겠고, 매출이 잘 나왔으면 좋겠고, 많은 사람이 내 브랜드, 내 제품, 내 서비스를 사랑했으면 좋겠다는 생각만으로는 사업주의 절실함에 부스터를 달아줄 수 없다. 더욱이 안팎으로 힘든 이런 시기일수록 내가 설득해야 할 고객이 최소한 몇 명인지를 명확히 인지해야 한다.

세계적인 마케팅 그루 세스 고딘은 이를 '최소 유효 시장'이라고 정의한다. '최소 유효 시장'이 언급된 세스 고딘(Seth Godin)의 저서 《마케팅이다》에서는 '세상에 영향력을 미치고 싶어 하는 대다수 사람에게 주어진 과제는 대량 판매 중심의 매스 마켓이 아니라 소매, 무인 결제가 주를 이루는 마이크로 마켓에서 성공하는 것이다. 그러나 자신이 사라지면 아쉬워 할 50명이나 100명을 확보하기 전에 익명의 대중을 기쁘게 하려고 무리수를 두는 경우가 많다'라고 말하고 있다.

많은 사람을 대상으로 마케팅하면 오히려 더 많은 거절을 당하고 실패하게 된다. 그 어느 대단한 제품이나 서비스도 이 세상 모든 사람을 만족시켜주고 이 세상 모든 문제를 해결해줄 수 있는 만능열쇠가 될 수 없다. 내 제품이나 서비스를 팔고자 하는 사람들이 급한 마음에 흔히 범하는 실수가 바로 이 부분, 모든 사람을 대상으로 마케팅하는 것이다.

제대로 탄탄하게 성장하기 위해서는 모든 사람을 만족시키고, 모든 사람에게 선택받고자 하는 오만에서 벗어나야 한다. 냉정하지만 정확하게 나에게 필요한 최소한의 고객과 매출을 목표로 잡아야 한다.

사업주가 비즈니스를 꾸준히 유지하고 건강하게 운영하기 위해서 하루에 최소한 몇 명의 고객이 필요하고, 얼마의 매출이 있어야 하는지, 최소한 하루에 몇 명만 설득하면 되는지 계산해봐야 한다는 뜻이다. 대한민국 국민 모두를 설득할 자신은 없어도 하루에 나에게 필요한 딱 5명만을 설득하는 것은 부담이 확 줄어든다. 이는 사업주 스스로 달성 가능한 눈에 보이는 목표를 향해 달릴 수 있기 때문이다.

사업주의 매출 목표도 마찬가지다. 단순히 많이 팔아서 매출을 늘리고 싶다는 생각이 아닌 구체적이고 명확한 매일의 목표를 계산해야 한다. 단순히 얼마를 벌고 싶은 희망의 숫자가 아니라 계산기를 두드려 내가 망하지 않고 이 비즈니스를 계속 유지하는 데 필요한 최소한의 매출 목표 말이다.

나에게 필요한 연 매출, 월 매출, 그 월 매출을 달성하기 위한 오늘 하루의 매출 목표 말이다. 궁극적인 성공은 너무 멀고 큰 목표가 아닌, 지금 내 눈앞에 보이는 작지만 확실한 목표 수치를 달성하는 것에서부터 시작된다.

나에게 필요한 가장 적은 숫자의 고객, 가장 최소한의 매출에서부터 출발하자. 나만의 최소 유효 시장을 정확히 계산해야 한다. 내가 설득할 수 있는 최소한의 사람, 내가 오늘 달성해야 할 최소한의 매출, 바로 그 사람들 혹은 그 매출을 적어보자. 단순히 어느 정도라고 뭉뚱그려 대충 그리지 말고, 정확하게 계산기를 두드려 나온 나만의 최소 유효 시장인지 아닌지를 확실히 살펴봐야 한다.

05

소수에게 혜택을 주고
사랑받을 방식으로 설계하라

'마이너부심'이라는 용어가 있다. 국어사전에 등재된 표준어는 아니지만, 인터넷상에서 집단지성으로 만들어지는 오픈 사전에 등재된 용어다. 단 한 줄로 설명하자면 '비주류를 만들거나 즐기면서 자부심을 가지는 행위'라고 할 수 있다. 보통의 사람들은 대다수가 선호하는 주류의 흐름을 따라가기 마련이지만, 이 마이너부심을 가진 사람들은 다수의 취향과는 조금 다른 취향으로 남들이 잘 모르는 혹은 덜 선호하는 다양한 콘텐츠를 즐긴다.

이 용어는 다양한 분야에 좀 더 확대된 뜻으로 사용될 수도 있는데 브랜딩과 마케팅의 관점으로 설명하자면 다음과 같이 설명할 수 있다. 대중적으로 잘 알려지지 않은 브랜드를 발굴해 남들보다 먼저 알아채고 좋아하며 세상에 널리 알려지기 전에 먼저 경험하고 전파하기까지 하는 행위다.

아이러니한 것은 마이너부심이 확고한 사람은 본인이 좋아하던 그 어떤 것이 점차 대중의 인기를 얻어 절대 더는 비주류가 아닌 주류가 되면 가차 없이 떠나는 데 주저함이 없다. 그러고 나서는 또 다른 비주류의 무언가를 찾아다닌다.

여기서 우리에게 중요한 것은 어떤 브랜드든 비주류의 시기가 존재한다는 것이다. 경우에 따라 그 시기의 길고 짧음이 있을 뿐, 아직 세상이 몰라주는 초창기의 비주류 시기는 반드시 거쳐야 한다. 이 시기를 얼마나 현명하고 지혜롭게 헤쳐나가느냐에 따라 주류로 바뀌는 시기가 앞당겨질 수도 있고, 비주류로 있는 시간이 마냥 힘들게만 느껴지지 않을 수도 있다.

사업주에게는 이 마이너부심을 가진 초기의 고객이 매우 소중하다. 아무도 알아주지 않는 비즈니스 초기에 우리 브랜드를 알아주고, 사업주가 세상에 전하고자 하는 가치 메시지에 공감하며 호응을 보내는 그 소수의 팬이 앞으로 내 브랜드가 세상에 널리 알려져 주류의 범주에 들어갈 수 있게 해주는 소중한 자산이 된다.

비즈니스 초반에 고맙게도 나와 내 브랜드를 알아봐준 고객 한 명, 한 명을 소중히 여기고 그들과 함께 성장한다는 마음으로 고객을 대하고 브랜드를 키워나가야 한다. 처음은 누구에게나 서툰 시기다. 브랜드의 처음 또한 크게 다르지 않다. 아무리 사업주가 미리 멋들어지게 그려놓은 청사진이 있다 해도 현실에선 전혀 엉뚱한 결과가 나오기도 한다.

비즈니스가 이미 너무 잘되고 있을 때 혹은 너무 많은 고객에게 사랑받고 있을 때 발견되는 실수나 결함은 바로잡기 어렵다. 가끔 마주하는 대기업이나 글로벌 회사의 전량 리콜 이슈는 회사로서도 엄청난 손실이 일어나는 일이기 때문에 최대한 개발 단계에서 혹은 고객에게 정식으로 소개하기 전 단계에서 향후 일어날 수 있는 다양한 위험을 미리 대비하고 최대한 고쳐서 세상에 내놓으려 한다.

따라서 아직 내 제품이나 서비스가 세상에 널리 알려지기 전에 나를 알아봐준 혹은 앞으로 관심을 가질 예정인 소수의 사람들에게 혜택을 주고 사랑받을 수 있는 방식으로 설계하는 것이 중요하다.

새로운 제품이나 새로운 서비스를 준비했다고 신나서 무턱대고 세상에 내놓으면 안 된다는 말이다. 사업주 입장에서 좋아 보였던 제품이나 서비스가 모두에게 좋아 보일 수는 없다. 그런데도 다다익선의 마음으로 '많은 사람에게 우선 알리고 좋은 피드백을 받아보자'라는 것은 비즈니스적으로도 위험부담이 큰 선택이다.

내 제품이나 서비스를 경험한 모든 사람이 좋은 피드백을 준다면 더할 나위 없이 좋겠지만, 결과는 전혀 그렇지 않을 것이기 때문이다. 내 기준에는 충분히 좋았고, 내 마음에는 넘칠 만큼 흡족한 제품과 서비스라 할지라도 다른 사람의 눈도 그럴 것이라는 생각은 그야말로 오만이다.

100% 좋은 피드백을 기대하고 선보인 내 자식 같은 제품이나 서비스가 시장에서 안 좋은 피드백을 받고 만신창이가 되어 돌아온다면 이것은 내 제품이나 서비스에도 미안한 일이다. 나아가 내 비즈니스, 내 브랜드에도 안타까운 일이다. 말 그대로 돈은 돈대로 쓰고 허탈한 결과를 눈앞에 마주하게 되는 것이다.

그렇다면 비즈니스 초반, 내 제품이나 서비스를 누구에게 어떻게 선보이는 것이 좋을까? 많은 마케팅 대행사에서는 사업자등록만 마치면 귀신같이 알고 영업 전화가 걸려오곤 한다. 대부분 블로그, 인스타그램을 활용한 키워드 광고 혹은 체험단에 대한 영업 전화다. 공짜로 체험단을 진행해준다는 솔깃한 내용과 함께 말이다.

실제로 비즈니스를 하는 데 후기가 매우 중요하다. 물론 내돈내산 후기라면 더욱 좋겠지만, 이제 막 시작한 비즈니스의 경우에는 당연히 후기가 전무하다. 그래서 초반에 체험단 마케팅이 필수라고 하며 마케팅 대행사에서 득달같이 영업 전화를 하는 것이다.

많은 사업주가 이 공짜 마케팅 영업 전화에 홀린 듯 체험단을 진행하곤 한다. 이것이 결코 잘못됐다는 것이 아니다. 비즈니스에 있어서 체험단은 정말 중요하다. 이 체험단을 어떻게 기획하고 진행하고 활용하느냐에 따라 앞으로 내 비즈니스를 더욱 건강하고 튼튼하게 성장시켜 나가는 데 큰 도움이 될 수도 있고, 그냥 체험단을 한번 진행했다 수준으로 끝날 수도 있다.

모든 것은 계획대로 움직여야 한다. 체험단도 계획이 있어야 한다. 우선 장차 내 고객이 됐으면 하는 혹은 내 고객이 되어야만 하는 사람들을 모아야 한다. 대행사에 체험단을 의뢰하더라도 단순히 몇 명 체험단에 얼마라는 비용 관련 계약만 하지 말고, 꼼꼼하게 사업주가 원하는 방향대로 체험단이 기획되어 실행될 수 있도록 적극적으로 의견을 내야 한다.

무료로 진행되는 체험단이라 하더라도 지금은 무료로 진행하지만, 결과가 마음에 들 경우 향후 비용을 지불하고 서비스를 이용할 수 있는 고객임을 스스로 인식하고 요구할 것을 꼼꼼하게 요구하는 사업주의 자세가 필요하다.

'아무나, 몇 명, 언제까지' 이런 체험단이 아닌 사업주가 말하고자 하는 가치관과 비슷한 소수의 고객을 찾아야 한다는 뜻이다. 제품이나 서비스가 앞으로 팔려야 하는 시장에 속한 사람이 체험단이 되어야 한다. 사업주의 제품이나 서비스가 필요하고 그것을 구매하기 위해 찾아보고 그것에 관심이 있고 비슷한 기존 제품을 경험해 본 이력이 있다면 더욱 좋을 것이다.

대행사에 맡기지 않더라도 갓 시작한 내 비즈니스를 어떻게 알고 찾아와 관심을 표하는 소수가 있을 것이다. 그 소수와 진심으로 소통해야 한다. 미처 제품 소개 페이지나 브랜드 소개 페이지에 담지 못한 나의 철학과 스토리를 비즈니스 초반에 관심을 보이는 소수의 고객과 소통하며 사업주는 의외로 많은 것을 얻을 수 있게 된다. 서로의 가치관이 비슷함을 한 번 더 깨달을 수도 있고, 흑심을 가지고 정찰을 나온 경쟁업체도 거를 수 있거나 같은 편으로 만들 수도 있다.

사업주가 되면 고객들과 소통하는 데 어려움을 호소하시는 분들이 많다. 친구들과는 잘 이야기하는데 고객과는 못하겠다고 한다. 이 소통이라는 것이 길게 편지를 쓰거나 전화 통화를 하라는 것이 아니다. 작고 소중한 내 브랜드 계정에 팔로우를 눌러주고 '좋아요'를 눌러준 고객들에게 감사의 표시를 댓글로 하고 지속적인 '좋아요'를 눌러주며 진심으로 소통하라.

단, 본문이나 피드 내용과 전혀 상관없는 영혼 없는 댓글은 소통에 도움이 전혀 되지 않는다. 직접 만나서 영업하는 것보다 얼마나 편한 세상이 됐는가! 얼굴 볼 일도 없이 그저 손가락 몇 번의 움직임으로 고객과 진심 어린 소통이 가능한 세상이다.

나와 내 비즈니스에 관심 있는 소수에게 관심과 사랑을 주고 그 사람들을 대상으로 체험단을 진행해보자. 이 소수의 사람이 인플루언서가 아니라도 상관없다. 숫자에 속지 마라. 팔로워가 많지 않지만 진짜 내 고객이 될 수 있는 층이고, 연결된 지인이 비슷한 가치관과 환경을 가진 사람들이라면 훨씬 더 큰 효과가 있다.

내 가치관과 브랜드에 관심이 있는 소수의 피드백은 설령 부정적인 내용이라 하더라도 악플이 아닌 내 브랜드에 피가 되고 살이 되는 도움형 피드백일 가능성이 크다. 미처 사업주가 발견하지 못한 고객 입장에서의 정확하고 애정 넘치는 피드백은 더 좋은 방향으로 수정할 수 있는 열쇠가 될 것이다.

06

제품이 아닌 경험과 과정을 팔아라

　몇 년 전까지만 해도 대한민국 국민의 엘리트 스포츠에 대한 인식은 금메달이 아니면 죄송하다고 사과하는 것이 당연한 분위기였다. 4년마다 한 번씩 열리는 올림픽에서 소위 효자종목이라고 불리는 종목에 국가대표로 나가는 선수들의 긴장감과 부담감은 이루 말할 수 없을 것이다.

　그런데도 금메달을 따면 전 세계 1등이라는 기쁨을 느끼기도 전에 1등 해서 다행이라는 안도감을 표현하고, 혹여나 은메달을 따게 되면 대역 죄인이 된 것처럼 고개를 푹 숙이고 국민 여러분께 죄송하다는 멘트를 하는 선수들의 모습이 당연했다. 은메달 소식이 전해지는 뉴스에는 온갖 질책성 악플이 달리고 힘든 경기를 치르고 돌아오는 귀국길에도 환영받지 못한 채 죄인처럼 조용히 입국하는 일이 비일비재했다.

여전히 여왕으로 불리는 김연아 선수도 자서전에서 현역 시절에 1등이 아니면 안 될 것 같았다고 했다. 국가나 국민이 아무것도 해준 게 없는데도 국가대표라는 타이틀을 달았다는 이유로 세계 무대에 선 그녀의 무게감이 어땠을까를 생각하니 국민의 한 사람으로서 미안한 마음이 들었다.

국가대표 타이틀을 달고 대한민국을 대표해 메달 경쟁을 하며 전 세계 무대에서 종횡무진 활약하는 선수들은 대부분 20대다. 대한민국 엘리트 체육의 특성상 어릴 때부터 이 올림픽 혹은 금메달만을 목표로 삶의 대부분을 운동과 자기관리에 몰입하며 보낸 20대 청년들이다.

그런 그들에게 우리는 편하게 TV 앞에 앉아 그들의 경기 결과에 이러쿵저러쿵 평가와 신랄한 비판을 쏟아낸다. 이들의 평생 노력이 단 한순간의 경기력으로 평가절하되고, 아무것도 아닌 감정을 느끼게 하는 사람들의 평가와 비난은 과연 정당한 것일까?

그랬던 국민이 변했다. 필자가 가장 크게 느꼈던 순간은 퀸, 김연아와 관련된 순간이었다. 2010년 밴쿠버 동계 올림픽 금메달 이후 4년 뒤 2014년 소치 동계 올림픽은 김연아 선수의 마지막 올림픽 무대이자 은퇴 무대였다. 선수 생활을 이어가던 10년이 넘는 시간 동안 올 포디움(all podium, 출전한 모든 대회에서 3위 내에 입상하는 것)을 비롯한 다양한 세계신기록을 경신하며 대한민국의 위상을 끌어올렸고, 그녀의 마지막 무대는 전 세계 국민들은 아름다운 금메달로 피날레를 장식하기를 간절히 바랐다.

마지막까지 김연아 선수의 무대는 완벽했고 그 어느 누구도 김연아 선수의 금메달을 의심하지 않았다. 하지만 결과는 러시아 선수가 금메달이었고 김연아 선수는 은메달이었다. 이 결과를 두고 그 누구도 김연아 선수를 질책하거나 욕하지 않았다. 공정하지 못한 것 같은 결과에 의구심을 가졌고, 지금까지 그녀의 노력과 국가에 대한 헌신에 찬사를 보냈다.

은메달이었지만 그 어느 때보다 값진 은메달이었고 위대한 업적이었다. 그러면서 국민들의 인식이 달라졌다. 결과보다 과정에 주목하기 시작했고, 그것은 이후 열린 여러 세계 경기에 대한 응원태도 또한 바꿔 놓았다.

은메달, 동메달 혹은 메달을 따지 못한 순위라 하더라도 그들은 그 분야에서 전 세계 2등, 3등이었고, 10위권이었으며 전 세계 탑 25등인 것이다. 단순히 메달 색이 어떠냐에 대한 평가나 시선이 아니라 그 선수가 이 경기에 출전하기까지 흘린 땀과 노력의 시간을 재조명하고, 그 노력에 박수를 보내며 응원하는 모습으로 바뀐 것이다.

2021년에 열린 도쿄 하계 올림픽에서도 큰 주목을 받았던 선수들은 물론 메달을 딴 선수들도 있었지만, 메달을 따지 못한 높이뛰기 우상혁 선수나 수영의 황선우 선수 등도 있었다. 메달권은 아니었지만 포기하지 않은 정신력과 부상을 극복하고 올림픽까지 나와 본인의 최대 기량을 보여준 역도 선수들과 비인기 종목으로 생각되던 다양한 분야의 국가대표 선수들을 향한 응원과 관심 또한 상당했다.

선수들 자체도 이러한 국민들의 응원이 낯설지만 큰 힘이 되는 듯하다. 이 응원에 화답이라도 하듯이 우상혁 선수는 올림픽 이후 세계실내육상선수권대회 등에 초청되어 본인이 세웠던 기록을 또 경신하고 금메달을 획득했다.

이제는 결과가 아닌 과정에 주목하는 시대가 됐다. 사업주는 완벽하게 만들어진 본인의 제품이나 서비스를 짠 하고 세상에 내놓고 싶어 한다. 안타깝지만 사업주가 보기에 완벽한 제품이나 서비스가 고객이 보기에도 완벽할 것이라는 생각은 버려야 한다. 제품이나 서비스 그 자체로 경쟁사 대비 차별화가 얼마나 어려운 시기인지는 우리 모두가 잘 알고 있다.

제품이나 서비스는 도깨비방망이처럼 뚝딱 주문 한 번에 하늘에서 뚝 떨어지는 것이 아니다. 세상에 모습을 드러나기까지 개발과 발전에 쏟아부은 노력과 연구의 시간이 쌓여 있다. 사업주가 이 제품을 위해, 서비스를 위해 들인 노력의 과정을 드러내야 한다.

결론적으로는 제품의 완성도와 서비스의 품질이 가장 중요한 요소이긴 하지만 그 과정이 고객에게 더 큰 울림을 줄 수 있다. 멋지게 찍은 제품 사진 한 장으로는 사업주의 노력과 과정이 보이지 않는다. 노력은 당사자가 드러내지 않으면 고객은 결코 알 수 없다. 이것을 어떻게 드러낼 것인가 하는 부분을 고민하고 나에게 가장 맞는 방법을 찾아야 한다.

'아이디어스'와 네이버 스마트 스토어에서 수제청 분야에 1등을 하는 울산의 한 수제청 가게가 있다. 이 업체의 공식 인스타그램 피드는 여느 브랜드 인스타그램과는 확연히 다른 분위기다. 보통의 수제청 가게는 완성된 수제청의 예쁜 연출 컷 중심으로 제품 소개 혹은 판매 공지를 올리곤 한다.

소위 인스타그램 감성에 걸맞은 피드 분위기로 운영을 하려고 한다는 것이다. 그런데 이 수제청 가게는 적어도 하루에 한 개 이상의 피드를 올리는데 그 사진이나 내용이 완전히 다르다. 수제청을 만드는 작업실 부엌의 CCTV 장면에 날짜를 크게 박아서 올리거나 소쿠리에 가득가득 쌓여 있는 수제청 재료의 떼 샷이 올라온다.

수제청을 고객이 직접 만들지 않고 돈 주고 사 먹는 가장 큰 이유는 스스로 만들어 먹기엔 노력이 너무 많이 들어가기 때문일 것이다. 과일청을 한 번이라도 직접 만들어본 사람은 그 과일을 깨끗이 씻고 용기를 소독해서 준비하고 재료를 순서대로 넣어서 만드는 과정이 얼마나 힘들고 복잡한지 뼈저리게 느낀다.

한번 힘들게 만들고 나면 뿌듯하기도 하지만 동시에 다시는 안만들고 사 먹고 만다는 생각이 들 것이다. 그러면서 내가 만들어 먹는 것처럼 깨끗하고 정성스럽게 만들어서 파는 곳에서 구매하고 싶다는 마음이 든다. 이 부분을 고객이 가감 없이 알 수 있도록 수제청 만드는 일상을 공유하는 곳이 바로 이 수제청 가게다.

본문에는 사업주의 구구절절한 일기 같은 내용이 빼곡히 들어있다. CCTV 사진에는 새벽 몇 시부터 몇 시까지 몇 명의 직원이 재료를 손질하고 용기를 어떻게 소독하고 이 작업장 청소를 어떻게 깨끗하게 한다는 내용이다. 재료가 가득 쌓인 소쿠리 사진의 본문에는 이렇게 못생긴 유자를 어떻게 손질하는지 얼마나 깨끗하게 씻는지 직원들이 얼마나 힘들어하는지, 그렇지만 포기할 수 없는 부분이라 타협 없이 오늘도 이렇게 손질한다는 등의 내용을 읽을 수 있다.

고객이 구매하고자 하는 수제청은 완성품의 사진이 예쁜 수제청이 아닌 내가 만든 것처럼 좋은 재료와 깨끗한 조리과정으로 만들어진 수제청이다. 그래서 말 그대로 인스타그램 감성에 전혀 어울리지 않은 CCTV 화면과 투박한 재료 손질 과정이 담긴 피드로만 이뤄진 수제청 계정이다. 하지만 고객은 그것을 만드는 과정과 힘든 경험을 나 대신 이 업체가 하고 있다는 사실을 자연스럽게 인식하게 되고 결국 구매로 이어진다.

지금은 결과보다 경험과 과정이 팔리는 시대다. 예쁜 감성 사진 하나 없는 이 수제청 업체의 인스타그램 계정은 팔로워가 1만 명이 넘고 제품 판매도 1등을 놓치지 않고 있다. 멋있고 완벽한 결과물로 고객들을 만나고 싶은 사업주의 마음을 모르는 것은 아니다. 그것보다 더 중요한 고객과의 신뢰는 사업주의 노력과 과정으로 만들어진다는 것을 잊지 않기를 바란다.

07

지속적인 신뢰가 필요하다

다양한 사업주의 컨설팅 의뢰 시 가장 시급한 부분은 브랜드의 아이덴티티를 정립하고 핵심 메시지를 뽑아내는 브랜딩 과정이다. 사실 이 과정은 비즈니스를 시작할 때 가장 중요하면서도 오래 걸리는 작업이지만 한번 잘 만들어놓으면 그 이후는 크게 손댈 것 없다. 대신 그 브랜딩 메시지를 잘 유지하고 가꿔나가며 지속 가능한 콘텐츠로서 고객과 소통해 신뢰를 쌓는 콘텐츠의 전쟁에 돌입해야 한다.

필자는 사업주와 컨설팅을 하고 나면 시기별·기간별로 적용해야 하는 마케팅 콘텐츠에 대한 기획을 함께 전달해준다. 초반에는 가장 중요한 브랜드 핵심 메시지를 뽑고, 내 브랜드 메시지와 가치에 공감하는 고객을 찾아 관계를 맺는 것이 필수적이다.

비즈니스 종류에 따라 다를 수 있겠지만 상대적으로 장기적인 계획은 아니다. 비교적 빠른 시간 내에 최대한의 노력으로 브랜드 세팅을 마쳐야 한다. 이 시간이 길어지면 길어질수록 사업주 또한 여러 가지 요인들에 의해 흔들릴 수 있기 때문이다.

이다음에 필요한 부분이 바로 지속 가능한 콘텐츠의 기획이다. 브랜딩 메시지와 내 비즈니스의 타깃 고객을 명확히 정해 소통을 하는 것만으로 마케팅이 끝난 것이 아니다. 이제 본격적인 시작이라고 할 수 있다. 고객이 어떤 브랜드를 믿고 구매하는 데 중요한 요소 중 하나는 여전히 활발하게 영업하고 운영되고 있는지다.

인터넷 검색으로 마음에 드는 업체를 찾았는데 그 업체에 대한 가장 최신 콘텐츠가 몇 달 전 혹은 몇 년 전 콘텐츠라면 아무리 마음에 들어도 선뜻 구매 버튼을 누르기 쉽지 않을 것이다. 이런 상황을 마주한 대부분 고객은 곧장 다른 비슷한 업체를 검색해 활발히 운영되고 있는 곳을 찾아 떠날 것이다. 혹시나 이 업체가 너무 마음에 들어 꼭 구매하고 싶은 고객이라면 더 깊은 검색을 통해 지금도 활발히 영업 중인지 아닌지를 확인하고자 할 것이다.

그러나 이렇게까지 추가적인 노력을 하면서 내 제품이나 서비스를 구매하고자 하는 고객이 과연 얼마나 될까? 웬만한 진성 팬이 아니고서는 다른 곳을 찾아 떠나는 것이 전혀 이상하지 않다.

지속 가능한 콘텐츠 기획에 대한 이야기를 하면 대부분의 사업주는 할 말이 없다고 말한다. 사업주의 제품이나 서비스의 종류는 한정적이고 그 제품이나 서비스 혹은 비즈니스에 대한 콘텐츠는 특별한 것이 없으며 그저 일상일 뿐이라고 생각한다.

여기서 중요한 콘텐츠의 핵심이 바로 일상이다. 나만 잘 먹고 잘사는 일상이 아닌 내 비즈니스와 관련된 일상에 주목해야 한다. 제품 혹은 서비스를 위한 사업주의 일상은 결코 평범한 일상이 아니며 고객의 일상과도 전혀 다른 일상이다. 이 일상이 바로 지속 가능한 콘텐츠의 재료다.

비즈니스를 운영하는 사업주는 대부분의 일상이 비즈니스와 맞닿아 있다. 온종일 제품 혹은 서비스에 관한 생각뿐이다. 그 부분이 고객과 사업주가 근본적으로 가장 다른 부분이다.

농산물의 경우 출하되는 시기가 매우 한정적이다. 1년에 단 2주밖에 판매가 되지 않는 초당 옥수수를 판매하는 제주도의 한 귀농 농가가 있다. 고객이 초당 옥수수를 구매할 수 있는 기간이 2주밖에 되지 않는다고 해서 농가의 시간도 2주뿐인 것이 아니다.

이 2주밖에 안 되는 판매 기간의 초당 옥수수를 길러내기 위해 들이는 노력의 시간은 1년 내내다. 씨를 준비하고 밭을 갈고, 심어 놓은 씨앗이 알차고 당도 높은 초당 옥수수가 되어 고객에게 판매되기까지 매일 새벽같이 밭에 나가고 돌보는 시간이 필요하다.

이 과정을 콘텐츠로 고객에게 공유해야 한다. 내가 돈 주고 쉽게 사 먹는 이 초당 옥수수는 공장에서 뚝딱뚝딱 찍어낸 것이 아니다. 생산자는 매일매일 본인의 고된 노력의 일상이 담긴 귀한 옥수수라는 것을 고객이 알 수 있게 해줘야 한다. 초당 옥수수가 나오는 시즌이 되어 마트에 진열된 옥수수를 집어 살 수도 있겠지만, 1년 동안 이 생산자의 과정을 지켜보며 옥수수 판매 시즌이 되길 기다린 고객이라면 예약 판매 버튼이 열리기만을 기다릴 충분한 가치가 있을 것이다.

실제로 필자는 작년에 이렇게 기다려 제주도의 귀농 농가에서 초당 옥수수를 구매해 먹었고, 맛이 좋아 주변에도 추천했다. 이 귀농 농부는 귀농하게 된 계기를 비롯해 초보 생산자의 일상을 블로그와 인스타그램을 통해 꾸준히 업로드했다. 고객이 먹게 되는 완제품 초당 옥수수가 어떤 과정을 거쳐 나에게 오게 되는지, 농사를 짓고 있지 않음에도 불구하고 그 과정을 꾸준히 알 수 있었다.

어느 때는 새벽에 나가 잡초를 제거하고, 날씨가 좀 추워지면 보온을 위한 장치를 하기도 하고, 병충해가 드는 시즌이 되면 그 병충해를 막기 위해 어떤 노력을 하는지 등의 도시에서는 전혀 알 길 없는 초당 옥수수 농사 과정을 꾸준히 확인할 수 있었다. 마치 내가 직접 농사를 짓는 것 같은 생각마저 드는 순간도 있었고, 어느 때는 '와, 이렇게 부지런하게 농사를 짓다니 나는 절대 못 하겠다'라는 생산자의 숭고한 노력에 감탄이 절로 나오는 시기도 있었다.

무려 근 1년 동안의 농사 기간을 랜선으로 경험한 뒤 예약 구매 공지를 보게 됐다. 예약 구매 시기와 실제 수령까지는 무려 2주일 이상의 기간이 있었음에도 불평 없이 주문했다. 심지어 이 기간에 생산자의 가족에게 부고가 생겨 배송일이 며칠 더 늦어진다는 문자를 받았다. 예기치 않은 추가 기다림이 생겼으니 환불해준다고 했지만, 필자는 환불하지 않고 기다림을 택했다.

필자가 구매한 것은 단순히 그냥 맛있는 초당 옥수수가 아닌 생산자의 1년의 노력이 가득 담긴 옥수수였기 때문에 오히려 생산자의 부고를 진심으로 위로하고 더 기다려 옥수수를 받았다. 여전히 그 옥수수는 맛있었고, 내년의 수확 또한 기다리고 있다.

농산물 생산자에게 농사에 대한 일상은 말 그대로 일상이다. 뭔가 특별한 일이 아닌 매일의 일인 것이다. 마치 회사원이 매일 출퇴근을 하며 매일의 일을 하는 것과 같은 것 말이다. 그런데도 도시에서 직장 생활하는 회사원에게 농산물 생산자의 농사 일상은 매우 특별하다.

그 일상이 신뢰를 주고 감동을 준다. 이렇게 매일의 성실한 농산물 생산자가 공유한 일상이 판매하는 농산물의 가치를 더욱 올려준 것은 말할 것도 없다. 결국 고객은 단순히 완제품을 사는 것이 아닌 농산물 생산자의 노력과 성실함이 녹아든 신뢰를 구매하는 것이다.

앞에서 언급한 수제청 가게가 몇 달 전 이전했다. 그 이전 과정과 공사 현황을 계약하던 날부터 하루에 한 번씩 인스타그램 피드로 사진과 함께 공유했다. 처음에는 '아니, 수제청 업체인데 무슨 이전하는 이야기를 이렇게 매일매일 공유할까?' 하는 생각도 들었다. 가게 이전 이야기는 수제청과 아무런 상관이 없기 때문이다. 그러나 아무 상관없는 것이 아니다. 이렇게 소소한 사업 관련 일상을 통해 이 업체의 현 상황을 고객들에게 공유함으로써 신뢰와 인간적인 소통의 관계를 쌓아갈 수 있다.

이 수제청 업체는 가게 이전 과정과 공사 진척도를 공유하며 평소보다 배송이 좀 늦어지더라도 양해해달라는 내용을 본문에 꾸준히 올렸다. 이 과정을 지속적으로 접한 고객은 이사로 분주한 사업주의 사정을 이해하게 되고, 배송이 평소보다 좀 늦어져도 컴플레인을 하지 않게 된다.

만약 이 수제청 업체가 이러한 내용을 공유하지 않고 평소보다 며칠 늦은 배송을 했다면 어땠을까? 기존에 구매하던 고객도 '업체가 잘되더니 변했다'라는 생각을 하게 될 것이고 이제 다른 업체를 찾아봐야겠다고 생각할 수도 있다. 사업주는 그 누구보다 바쁜 시간을 보내며 최대한 빠른 대응을 하려고 노력을 했을 테지만 그 노력은 사업주 혼자만 아는 내용이지 고객은 전혀 알지 못하기 때문이다.

사업주와 고객 사이에 신뢰가 쌓이면 고객의 컴플레인이 줄어든다. 이 신뢰는 결코 하루아침에 생기는 것이 아니다. 시간을 두고 켜켜이 쌓여가는 것이며 고객과의 신뢰를 쌓아가기 위한 사업주의 과정 공유가 필요한 이유다.

PART 5

처음부터 완벽한 마케팅은 없다

01

고객의 마음을 훔쳐라

"제품에 대한 고객을 찾지 말고 고객을 위한 제품을 찾아라."
《마케팅이다》의 저자이자 마케팅 그루 세스 고딘이 한 말이다.

보통 자영업자가 창업을 결심하고 사업을 시작할 때 '내 사업과 제품', 즉 '내가 팔 것'을 가장 먼저 생각한다. 무엇을 팔까? 그 '무엇'에 초점이 맞춰져 있다. 그 무엇을 얼마나 팔고 어떻게 팔아야 하는지 고민을 하기 시작한다.

결국, 고객 또한 내가 팔고자 하는 제품이나 서비스에 맞추려고 하게 되는 것이다. 마케팅을 내가 팔아야 하고 팔고 싶은 '무엇'에서 시작하게 되면 우리는 그 '무엇'에 맞을 것 같은 고객을 찾게 된다. 이렇게 찾은 고객이 진짜 내 '무엇'을 원하는 고객인지는 다시 한번 생각해봐야 하는 문제다.

예전의 마케팅 연구는 굉장히 이성적인 프로세스를 중요시했다. 고객의 구매 여정에서 제품의 기능에 대한 비교나 중요한 정도를 바꿔주면, 그 변화에 따라 고객 마음속의 감정 및 구매 태도가 바뀐다고 여겼다. 그랬기 때문에 실제로 경쟁사 대비 성능이나 가격을 강조하는 식의 커뮤니케이션 전략이 통용되기도 했다. 물론 이것도 틀린 것은 아니다. 그렇지만 이러한 인과관계가 아무런 변화 없이 계속 지속되는 것 또한 아니다.

요즘의 고객은 기업, 혹은 기업의 제품이나 서비스에는 크게 관심이 없다. 오직 나 자신, 내가 원하는 것, 나에게 필요한 것에만 관심이 있기 마련이다. 그래서 아무리 사업주가 제품을 고민하고 새로운 서비스를 세상에 내놓아봤자 고객이 관심이 없고, 나에게 절대적으로 필요하지 않으면 그 존재조차 알 수 없는 제품이나 서비스가 비일비재하다.

그렇다면 제품이 아닌 고객에서 시작해보자. 고객은 본인이 원하는 것이나 필요한 것에만 관심이 있다고 했으니 사업주는 그 고객이 원하고 필요한 것이 무엇인지를 먼저 생각하는 것이 필요하다. 여기서는 '무엇'을 먼저 고민하는 것이 아니라 '누구'를 먼저 생각한다는 점이 근본적으로 다르다는 것을 인지해야 한다.

자영업 사업주가 제품 판매를 위한 홈페이지나 혹은 SNS 채널을 가지고 있다면 한번 떠올려보자. 고객을 사로잡기 위해서는 다음의 3가지 질문에 대한 답을 5초 안에 떠올릴 수 있어야 한다.

'이 회사가 제시하는 가치는 무엇인가?
그래서 내 삶이 어떻게 더 좋아질 수 있을까?
이걸 구매하려면 나는 어떻게 해야 하는가?'

고객의 입장에서 홈페이지나 SNS 채널에 딱 들어갔을 때 궁극적으로 가질 수 있는 위 3가지 질문에 대한 명확한 대답을 단 5초 안에 해결하지 못하면 구매까지 이어지기 어렵다.

'못생겨도 맛있다. 친환경 못난이 채소 박스 구독 서비스'를 내세워 온라인 시장에 뛰어든 스타트업이 있다. 너무 큰 토마토, 상처가 있는 가지, 모양이 특이한 당근 등 못생겼다는 이유만으로 폐기되는 농산물이 전체 농산물 생산량의 30%이며 돈으로 환산하면 무려 5조 원이나 된다고 한다. 이 스타트업은 모양이나 중량, 과잉 생산 등의 이유로 판로를 잃은 농산물들의 제 가치를 찾아 음식물 쓰레기 발생을 줄이고, 낭비 없는 생산을 꿈꾼다는 모토로 서비스를 소개하고 있다.

농산물은 공장에서 찍어내는 공산품이 아닌 밭에서 자라는 생물이기에 아무리 똑같은 정성으로 키운다고 하더라도 100% 판매 가능한 상급의 제품만 나오는 것이 아니다. 모양 때문에 마트나 시장에 차마 내놓지 못하지만, 맛은 차이가 없으므로 환경을 생각하고 버려지는 채소들을 안타까워하는 고객들의 입장에서는 너무나 필요한 서비스임이 분명하다.

가격도 저렴하고 7~9종의 채소를 소량으로 다양하게 소포장해서 보내므로 낭비 없이 모두 섭취할 수 있을 뿐 아니라 다양한 채소를 먹을 수도 있다. 그뿐만 아니라 요리에 자신 없는 사람도 구매할 수 있도록 추천 레시피와 채소들의 사연이 담긴 스토리 레시피 인쇄물도 제공한다.

이 스타트업의 가치에 부합하기 위해 이 채소를 판매하는 과정에서 또 다른 쓰레기가 발생하지 않도록 포장재를 최소화하고 있다. 채소의 신선도를 위해 꼭 필요한 포장만, 종이와 생분해성 비닐을 사용해 쓰레기를 버리는 수고도 아껴주는 친환경 포장으로 어필하고 있다.

환경을 소중히 생각하고, 버려지는 재료를 아까워하는 가치를 지향하는 고객은 더 이상 채소를 사러 마트에 갈 필요가 없다. 이 모든 이야기가 이 스타트업의 홈페이지 첫 화면 스크롤 한 번으로 알 수 있는 정보다.

내가 마침 환경과 지구와 버려지는 재료의 낭비를 생각하는 사람이라면 어찌 구독하기를 누르지 않을 수 있을까?

'장을 보면 원하는 양보다 더 많이 사야 해서 불편했던 적 있으신
가요? 혹은 구매한 음식보다 포장지가 많아서 처치에 한숨 쉰 경험
은요?'

이 스타트업의 공식 인스타그램 첫 게시물의 첫 문장이다. 첫 문
장부터 이 회사는 고객을 정의하고 있다. 뒤이은 문장들은 더욱 인
상 깊다.

'건강하게 먹고 쓰레기는 남기지 않도록, 못난이도 제 가치를 찾
도록.'

이 회사가 지향하는 가치와 방향성이 고스란히 느껴지는 게시물
이다.

사람들이 우리 서비스를 '왜' 이용해야 하고 이 상품성 없는 농
산물을 '굳이' 돈을 주고 구매해야 하는가 하는 점이 이 스타트업의
시작점이라고 할 수 있겠다. 결국, 사업의 본질은 제품이나 서비스
그 자체가 아니라 그것을 구매해야 하는 고객이라는 점을 결코 잊
어서는 안 된다.

이 스타트업이 만일 제품을 먼저 생각했다면 아마도 이러한 서
비스는 나오지 않았을 것이다. 여기서 판매하는 제품은 상품성이

전혀 없고 버려지던 먹을 수 있는 쓰레기였다. 판매를 위한 제품으로는 고려 대상이 전혀 되지 않던 제품들이었기 때문이다.

하지만 이 스타트업은 고객을 시작점으로 먼저 생각했다. 환경과 지구를 생각하는 고객! 버려지는 자원의 아까움을 느끼는 고객! 그런 고객들이 지향하는 가치에 이 고객의 입장에서 구독하기 버튼을 누를 수밖에 없는 이유를 줬다.

쉽게 말해, 사업주 입장에서 단순히 '못생겨서 억울한 농산물을 파는 것'이 아닌, 고객 입장에서 못생겨서 억울한 농산물을 '왜 사야 하는가?'에 대한 당위성을 주고, 결국 '착한 소비', '기분 좋은 소비'를 할 수 있도록 스토리를 만들어놓은 것이다.

비즈니스를 할 때 우리 회사가 다루는 제품이나 서비스가 무엇이든 사업주의 관점에서만 보지 말고 고객이 무슨 기대를 가지고 있는지를 잘 살펴봐야 한다. 이 스타트업이 채소가게나 마트와 비슷한 콘셉트로 상품 가치가 높은 농산물을 중심으로 강조했다면 지금과는 전혀 다른 스토리가 됐을 것이다.

결국, 구매 버튼을 누르게 하는 것은 머리가 아니라 마음이다. 1990년대 이후 시장과 고객은 끊임없이 변하고 있고 진화하고 있다. 눈에 보이는 성능이나 가격들도 물론 중요하지만, 눈에 보이지 않는 감성적인 것이 오히려 구매를 자극하고 행동까지 끌어내고 있음을 경험하고 있다.

수천 년 전 고대 그리스 철학자 아리스토텔레스(Aristoteles)가 플라톤(Platon)에게 말했다.

"마음에 호소하는 것은 머리에 호소하는 것보다 강하다. 머리에 호소하면 사람들이 고개를 끄덕이게 할 수 있지만, 마음에 호소하면 사람들을 지금 당장 움직이게 만든다."

고객의 머릿속에 정보를 전달하고 이성적으로 비교하고 판단할 수 있도록 하기보다 직접 마음을 건드리는 것이 더욱 중요함을 설명하고 있다. 우리는 머리가 아닌 마음을 강조하면서 고객을 설득하고, 초점이 이성이 아닌 감성으로 변화하는 시대에 살고 있다.

어떤 제품이나 서비스를 왜 좋아해야 하는지 이유를 찾는 것은 이성적인 머리지만, 실제로 구매 버튼을 누를 수밖에 없도록 만들어주는 것은 바로 마음이기 때문이다.

그래서 우리는 고객의 마음을 훔쳐야 한다.

02

시시각각 변하는 고객의 마음을 읽어라

배달은 우리의 삶과 떼려야 뗄 수 없는 단어이자 필수 비즈니스다. '우리가 무슨 민족입니까?'라는 메시지가 처음 등장했던 시기에도 '우리는 배달의 민족입니다'라는 정의가 전혀 낯설게 다가오지 않았다. 코로나19가 본격화되면서 배달음식 시장이 급성장한 것과는 별개로 한국의 배달 시스템이 전 세계적으로 유명한 것은 자연스러운 일이다.

온라인으로 물건을 주문하면 대부분 하루 이틀 내에 현관문으로 배달되는 택배 시스템이 당연한 문화로 정착됐고, 택배비 또한 저렴하기로 둘째가라면 서러운 곳이 바로 우리가 사는 대한민국이다. 외국 친구들이 부러워하는 시스템 중 하나가 바로 이 저렴하고도 빠른 택배 시스템이다.

대한민국 특유의 빠른 배달문화는 기존의 시스템으로도 충분했다. 하지만 예기치 못한 환경의 변화로 재택근무와 사회적 거리 두기가 강화된 시기를 함께 헤쳐나가야만 했다. 하루 이틀 후 배송되던 일반 택배를 넘어 당일 주문 다음 날 배송이 완료되는 로켓배송이 생겨났다.

대한민국 국민은 여기서 만족하지 않았다. 밤 11시까지만 주문을 하면 다음 날 새벽 7시 전 물건을 받아보는 말 그대로 8시간 내 배송이 완료되는 새벽 배송 서비스가 등장했다. 새벽 배송을 가장 먼저 시작한 스타트업 마켓컬리가 처음 등장했을 때만 해도 타깃층이 매우 좁은 프리미엄 서비스였다. 매일 장을 보고 요리를 해 먹기 힘든 서울의 맞벌이 부부가 버리는 식재료를 최대한 줄이고 장 보는 시간을 줄일 수 있도록 소량의 새벽 배송 서비스를 시작한 것이다.

처음 몇 년은 마트에서는 구매할 수 없는 프리미엄 제품 위주의 마켓컬리 MD가 고른 비싼 제품 중심으로 판매가 이뤄졌다. 필자는 마켓컬리의 타깃 고객에 정확히 부합하는 사람이었기 때문에 초기부터 애용했다. 다만 그 당시에는 마트에서 보기 힘든 비싸고 양이 적은 제품이 주를 이뤘다. 어쨌든 마켓컬리는 꾸준히 고객을 늘려갔고 이렇다 할 공격적인 마케팅은 하지 않았었다.

그 누구도 원치 않았던 코로나19가 본격화되고 심화되면서 별나게 여기던 새벽 배송을 향한 고객의 갈망이 극에 달했다. 온갖 대기업 유통 업체가 뛰어든 그야말로 새벽 배송 전쟁의 시대가 시작된 것이다. 쿠팡프레쉬, 신세계 쓱마켓 등 대기업뿐 아니라 오아시스, 헬로네이처 등 마켓컬리 시스템이 닿지 않는 지방에서도 이용할 수 있는 크고 작은 새벽 배송 업체들이 생겨나기 시작했다.

마켓컬리 또한 한자리에 머물러 있지 않고 TV 광고를 시작으로 취급하는 제품을 과감하게 확대했다. 마트나 시장에만 가도 구매할 수 있는 생필품과 신선식품 등을 다양하게 취급하기 시작했고, 심지어 값비싼 가전 및 가구들도 판매하고 있다. 어차피 구매할 제품을 한곳에서 한 번에 구매할 수 있도록 마켓컬리 고객들의 변화하는 니즈에 끊임없이 반응하고 서비스에 반영하고 있다.

비단 택배 시스템에 대한 고객의 니즈만 변한 것이 아니다. 여러 외부 제재로 인해 외식을 할 수 없는 시기가 길어지자 배달음식이 차지하는 비중이 늘었다. 배달음식을 시키고 주문이 폭발적으로 늘어난 만큼 배달인력이 뒷받침해 주지 못해 한 배달원이 여러 개를 동시에 픽업하고 순차적으로 배달을 하는 사태가 벌어졌고, 오매불망 음식이 오기만을 기다리던 고객들의 불만이 끊임없이 높아졌다.

그래서 나온 시스템이 한 번에 한 집 배달이라는 콘셉트의 쿠팡 잇츠, 배민원 등이 생겨났다. 이 시장이 엄청나게 커졌다는 것은 우리 모두가 공감하는 현실이다. 배달음식 전문 애플리케이션이지만, 이제 마트나 전통 시장까지 진출해 온라인으로 장을 보고 편의

점 제품을 주문해 바로 받아보는 것은 일상이 됐다.

고객은 끊임없이 진화한다. 최근 몇 년 전부터 친환경과 윤리성이 중요한 화두로 떠오르면서 이제는 기업의 사회적 책임이 구매를 결정하는 주요한 요인으로 작용하고 있다. ESG(Environment, Social, Governance, 친환경, 사회적 책임 경영, 지배구조 개선)라는 단어를 많이 볼 수 있고, 착한 소비, 친환경, 저탄소챌린지, 용기내챌린지 등의 새로운 가치를 전면에 내세우는 기업이 많아졌다.

영국 경제학자 에른스트 프리드리히 슈마허(Ernst Friedrich Schumacher)는 '그린 운동'을 제창했고, 이를 통해 '그린'이라는 의미가 크게 확장됐다. 슈마허는 그의 저서 《작은 것이 아름답다》를 통해 무분별한 성장지상주의와 그로 인한 환경파괴에 대해 통렬한 성찰이 필요함을 역설했고, 자연을 개발의 대상이 아닌 공존과 보전이 필요한 것으로 기존의 관점에 제동을 걸었다. 이에 자연스럽게 '그린 마케팅'이라는 용어가 생겨났고 일종의 새로운 지향점을 제시했다.

노스웨스턴대학교 켈로그 경영 대학원 석좌교수이자 '마케팅의 아버지'로 불리는 필립 코틀러(Philip Kotler) 또한 '그린 마케팅'에 대한 이야기를 한 바 있다. 그는 그린 마케팅에 대해 다음과 같이 말했다.

"어떤 기업들은 환경보호에 힘쓰지도 않으면서 스스로를 그린 마케터라고 부르기도 합니다. 그러나 어떤 기업들은 그린 마케팅에서 주도권을 발휘할 진정한 비즈니스 기회를 찾아낼 것이고, 대중들로부터 값진 신뢰를 얻어낼 것입니다."

대한민국뿐 아니라 전 세계 곳곳에서 환경에 대한 목소리가 점점 높아지고 있고, 이에 대해 공감하는 사람들 또한 해가 거듭될수록 늘어나고 있다. 스쿠버다이빙을 취미 이상으로 즐기는 필자의 경우 바다에서 잡힌 거북이의 코에 꽂힌 플라스틱 빨대를 빼내는 영상을 절대 잊을 수 없다. 이 사진은 전 세계로 퍼졌고, 전 세계 카페의 일회용 플라스틱 사용을 규제하는 도화선이 됐다.

이러한 변화는 기업으로부터 시작되기도 하지만 이에 공감하고 이러한 가치를 중요시하는 고객의 목소리가 높아졌기 때문이기도 하다. 내가 지불하는 비용이 좀 비싸더라도 지구를 지키고 환경을 보전할 수 있는 소비를 하려는 고객들이 늘고 있으며 그런 가치에 공감하는 기업들이 늘고 있다.

덕분에 친환경을 외치고 실천하는 분야가 더욱 다양하게 확장되고 있다. 고객은 기업에서 제시하는 친환경 단계에 만족하지 않고 점점 더 높은 수준의 사회적 책임을 표현하고 요구한다. 이에, 사업주는 판매하는 메인 제품뿐만 아니라 제품을 포장하는 포장재 및 포장 박스 등에 대해 고민을 하고 고객의 요구에 부응하는 솔루션을 내놓는 등 끊임없이 변화하고 있다.

고객들은 그러한 기업들의 변화에 더할 나위 없는 찬사를 보내고 구매함으로써 지지를 표현한다. 여타 기존 브랜드와의 다른 점은 착한 소비를 한 고객들의 인증은 스스로의 만족을 위한 자발적인 공유가 더 많은 추세라는 것이다. 혼자만의 소비로 끝나는 것이 아니라 주변에도 자연스럽게 동참과 구매를 유도함으로써 착한 소비를 적극적으로 장려한다.

고객의 마음은 시시각각 변한다. 마음이 변한 고객을 탓할 수 없다. 사업주는 시시각각 변하는 고객의 그 변화하는 마음을 기민하게 읽어야 한다. 단순히 고객이 단순 변심으로 구매한 물건을 반품하는 것과는 다르다.

이 변화하는 마음이 어디에서 기인한 것인지 잘 파악해야 한다. 고객의 니즈 변화는 급변하는 시대를 반영했거나 사회적 트렌드를 대변하는 중요한 시그널일 수 있기 때문이다.

이 과정에서 내 비즈니스를 더욱 단단히 만들거나 새로운 시장을 발견하게 될 수도 있다. 비즈니스를 영위하는 사업주에게는 제품, 서비스가 가장 중요하기 때문에 초점이 늘 제품이나 서비스에 맞춰져 있다.

비즈니스가 성공하기 위해서는 결국 제품이나 서비스를 구매하는 고객이 있어야 한다. 나아가 그 고객에 따라 비즈니스의 흥망성

쇠가 결정된다고 해도 과언이 아니다.

　제품, 서비스만 바라보는 시선은 사업주에게 편협한 시각을 영위하게 해 결국 스스로 매몰되게 만든다. 가장 중요한 것은 고객이라는 것을 다시 한번 상기해 시시각각 변하는 고객의 마음을 예민하게 읽어야 한다.

03

매출이 아닌 가치를 좇아라

　수제로 만드는 모든 것을 판매하는 쇼핑 플랫폼인 '아이디어스'가 있다. 이 회사는 2012년에 단돈 100만 원의 자본금으로 백패커라는 회사를 설립해, 2014년 '아이디어스' iOS 모바일 앱 출시를 시작으로 본격적인 운영을 시작했다. 처음에는 원부자재 판매를 중심으로 수공예 제품 위주의 판매를 하다가 더욱 다양한 핸드메이드 영역으로 확장됐다.

　현재는 단순한 수공예 제품을 뛰어넘어 수제 먹거리, 농수산물, 핸드메이드 관련 온라인 클래스 등 핸드메이드라는 단어가 사용 가능한 다양한 영역으로 비즈니스를 확대하고 있다. 서비스 거래 후 현재까지 누적 거래액은 무려 6,600억 원의 엄청난 규모로 성장을 한 곳이기도 하다.

'국내 핸드메이드 시장을 선도하는 대한민국 No.1 복합 핸드메이드 플랫폼'이라는 '아이디어스'의 메시지는 매우 단순하고 직관적이다. '아이디어스'가 다른 여타 쇼핑몰과의 차별화를 가져간 포인트가 바로 핸드메이드라는 부분이다. 공장에서 찍어내어 판매되는 많은 기성품과는 달리 손으로 만들었다는 것은 그만큼 가격은 높지만, 세상에 하나뿐인 나만의 것이 된다는 뜻을 담고 있다.

모든 제품에 '핸드메이드'라는 단어가 붙으면 가격이 올라가게 된다는 사실은 모두가 알고 있다. 그래서 저렴한 가격을 경쟁력으로 내세우는 업체는 콘셉트가 전혀 맞지 않는다. 일반적으로 가격이 비싸면 소비자가 구매를 잘 하지 않을 것으로 생각한다. 비슷한 제품이거나 성능이면 가격이 저렴한 것이 당연한 선택이고 현명한 소비인 것은 자명하다.

단순히 매출만을 생각한다면 많으면 많을수록 좋은 '다다익선'과 이익은 낮지만, 많이 팔아서 전체적인 수익을 높이는 '박리다매'가 일반적인 매출 증가의 열쇠가 될 수 있을 것이다. 그러나 모든 사람이 동일한 기준을 가지고 있지 않듯이, 무조건 저렴한 가격이 구매를 결정하는 가장 큰 이유가 되는 것은 아니다.

'아이디어스'는 가격이 조금 비싸더라도 남들과는 다른, 세상에 하나뿐인 나만의 것을 소유하고 싶은 소수의 사람을 고객으로 삼았다. 일반적으로 무언가를 구매하는 입장에서 '저렴한 가격'은 생각보다 중요한 요소다. 내 돈을 쓰면서 물건을 구매할 때 가격 비교를 통해 제일 저렴한 것을 선택하는 것은 매우 상식적이고 당연한 결정이다.

그렇기 때문에 '아이디어스'가 단순히 매출이나 가격만을 생각했다면 결코 시작할 수 없는 브랜드 콘셉트이었을 것이다.

가격은 조금 더 비싸더라도 단순히 저렴한 가격이 아닌 핸드메이드만이 가질 수 있는 제품의 가치를 선택할 사람을 대상으로 한 마켓이었기 때문에 '아이디어스' 설립 초반에는 부정적인 시선이 훨씬 많았다. 이 사업은 무조건 망하리라 예측하는 사람들이 더 많았다고 한다. 상식적으로 가격이 아닌 가치에 웃돈을 더 주고 구매한다는 것이 이해가 되지 않았기 때문이었으리라.

지금의 '아이디어스'를 살펴보자. 누적 거래액 6,600억 원, 앱 다운로드 1,450만 건, 판매 중인 작품 37만 개 등의 엄청난 수치로 초기의 부정적인 기우를 비웃기라도 하듯 초고속 성장을 거듭하고 있다. '아이디어스'는 가격이 아닌 가치를 좇는 고객을 선택했고, 핸드메이드라는 콘셉트를 계속 유지해 나갔을 뿐 아니라 더욱 넓게 확장해 나가고 있다.

과연 내가 세상에 전하고자 하는 가치는 무엇인가 하는 본질적인 부분을 생각해야 한다. 당장 눈앞의 매출만을 생각한다면 결코 창업할 엄두조차 나지 않는 것이 당연한 콘셉트의 브랜드다. 하지만 당장의 매출이 아닌 판매하고자 하는 제품이 지닌 가치와 장인의 가치를 세상에 전달하고 선보이고자 하는 마음이 지금의 '아이디어스'를 성장시킨 동력이 됐다고 할 수 있다.

웬만한 대기업 대표들이 열광하고, 연초인데 상반기까지 예약이 이미 꽉 차서 실물 영접조차 힘들다는 핫한 식당이 있다. 뼛속까지 육식주의자인 필자도 꼭 한번 직접 먹어보고 싶은 식당으로 최근 미디어에서 많이 다뤄지고 있어 앞으로 예약은 더욱 힘들 것 같은 형국이다.

10년 가까이 대기업에서 직장생활을 하던 평범한 직장인이 취미 삼아 바비큐를 주변인들과 자주 요리해 먹다가 퇴사한 뒤 본인의 이름을 건 '바비큐 연구소'라는 원 테이블 식당을 오픈했다. 그야말로 취미가 본업이 된 성공한 덕후의 표본이라고 할 수 있다.

최근 다양한 예능 프로그램을 통해 소개되고 있는데 물론 고기 자체를 너무 먹고 싶다는 잠정 고객의 관점에서도 재미있었다. 하지만 필자는 직업이 직업인지라 사업주가 이야기하는 고기에 대한 진심과 가치에 더욱 몰입됐다.

"어려서부터 고기를 좋아했어요. 시골 동네에 살았었는데 아버지와 그 친구분들이 그릴에 고기를 구워 드시곤 하셨어요. 함께 즐거웠던 추억이 있어 여전히 바비큐를 좋아합니다. 고기는 가장 정직한 식재료라고 생각합니다. 고기는 제가 들인 시간과 정성만큼 맛있어져요.

실제 바비큐를 하기 위해선 불을 10시간 피워야 하고 큰 덩어리는 10시간에서 12시간 정도 익혀야 고기가 부드러워져요. 이 때문에 매일매일 고기에 진심을 다하고 있습니다.

흔히 우리에겐 고기 하면 떠오르는 기분 좋은 기억이나 추억이 있잖아요. 특별한 날에 특별한 사람과 먹는 에피소드 말이죠. 제 연구소에서 신메뉴를 만들 때도 아무 스토리 없는 메뉴는 만들지 않습니다. 만드는 사람이 메뉴에 본인의 고기에 대한 가치와 경험을 담고, 그 경험과 가치를 먹는 사람과 함께 나눌 수 있는 메뉴만을 만들고 있어요.”

이렇게 고기에 진심과 가치를 담은 바비큐 연구소는 매출보다 그 가치에 더 집중하기 위해 매출 위주의 식당이 아닌 아주 작은 공간으로 연구소라는 간판을 달았다. 실제로 처음 시작도 돈 내고 식사하는 식당의 형식이라기보다는 고기를 연구하는 책과 장비들을 가져다 놓고 더욱 맛있는 고기를 위해 꾸준히 연구하는 아지트의 개념으로 오픈했다.

이 연구소를 정식으로 오픈하기 전까지 맛있는 갈비 연구를 위해 사용된 소고기만 무려 1톤이 넘는다고 한다. 더군다나 더 완벽한 바비큐를 완성하기 위해 직접 연구해 설계한 전용 기계까지 만들었다. 회사에 다니면서도 퇴근 후 주말 등 시간과 정성을 들여 연구하고 고기를 굽는 일을 했고, 이 일은 하나도 힘든 줄 모르고 즐겁게 했다고 한다.

이렇게 혀를 내두를 정도의 고기에 대한 사업주의 진심과 쏟아부은 가치는 당연하게도 고객의 입과 마음 모두를 만족시켰고 향후 6개월간의 예약이 가득 찬 사태를 만들어냈다. 그 긴 기다림을 감수하고서도 기다리겠다는 많은 고객은 오늘도 예약 방법을 검색하며 이 줄을 지키고 있다.

비즈니스를 하는 사업주에게는 매 순간 모든 것이 비용이다. 단순한 소비자일 경우에는 생각하지도 못했던 고정비라는 것이 들고 매월 돌아오는 돈 나가는 날이 두려워진다. 이 때문에 당장 눈앞의 매출에 집중하는 것은 어쩌면 당연한 일일 것이다.

하지만 당장 눈앞의 매출을 좇는다고 내 비즈니스를 건강하게 오랫동안 유지할 수 있을까? 스스로 질문해보기 바란다. 순간적으로 어떻게든 급한 불은 끌 수 있겠지만, 그 비즈니스의 핵심 코어가 되는 가치가 없다면 매월 같은 조급함과 불안함이 반복될 것이다.

순간의 매출보다 사업주가 세상에 전하고 함께 공감하고 싶은 가치가 무엇인지 다시 한번 내면을 들여다보자. 내 비즈니스는 매출이 아닌 그 핵심 가치로부터 시작되어야 한다. 그 핵심 가치가 단단하고 힘이 있으며 스스로 자부심이 가득할 때, 그것을 세상에 더욱 당당히 전달할 수 있다.

그 가치에 공감하는 고객이 결국 내 고객이 되어 매출은 자연스럽게 따라올 것이다. 이 문제가 닭이 먼저냐 달걀이 먼저냐의 문제는 아니다. 하지만 매출이 먼저냐 가치가 먼저냐 하고 묻는다면 필자는 감히 가치가 먼저라고 조언한다.

04

고객을 찐 팬으로 만드는 진심의 힘

우리나라 전체 자영업 중 폐업 1위 업종이 바로 식당이다. 얼마 전 종영한 TV 프로그램 〈백종원의 골목식당〉을 기억하는가? 이 프로그램은 우리 전통 시장을 중심으로 장사가 잘 안되는 식당을 섭외해 그 식당의 문제를 찾아내고 대한민국 대표 요식업 기업인 백종원 대표가 직접 해결방안을 제시해 개선하도록 도와주는 프로그램이다. 〈백종원의 골목식당〉을 통해 식당을 시작하려는 예비 자영업자들에게 실질적인 교훈과 지침을 주고 죽어가는 골목상권을 살리기 위한 예능형 교양 프로그램이었다.

이 프로그램을 매주 챙겨 보진 않았지만 마침 우리 동네의 시장이 나왔을 때, 최악 혹은 최고의 이유로 장안의 화제가 된 에피소드가 있을 땐 일부러 찾아보기도 했다. 개인적으로 가끔 이 프로그램을 보게 될 때, 시쳇말로 복장 터지게 하는 식당 사장님들이 나와 채널을 돌렸던 적이 한두 번이 아니다.

돈을 주고 사 먹는 음식을 다루는 식당에서 기본 중의 기본인 위생에 대한 개념이 전혀 없음에도, 백종원 대표가 지적하는 부분들에 대해 오히려 적반하장의 반응을 보이는 사장님들이 꽤 많았다. 말 그대로 폐업 위기에서 구해주기 위해 돈 한 푼 받지 않고 솔루션을 전해주고 레시피를 다듬어주고 팁을 전수해준다. 그럼에도 빠른 개선을 위한 액션이나 혹은 감사하는 마음 전혀 없이 오히려 고집을 피워 보는 사람마저 불편하고 민망하게 만드는 분들도 있었다.

본인의 식당이 TV에 나오고 백종원 대표가 솔루션을 준다면 본인의 식당이 하루아침에 대박을 터뜨릴 수 있을 것 같은 마음에 충분한 고민 없이 신청한 것이 아닌가 하는 의심이 들 정도였다. 어쨌든 인기 프로그램에 내 식당이 나오고 백종원 대표의 솔루션에 대한 사람들의 믿음을 바탕으로 방송 직후 식당을 찾는 고객은 많아진다.

더 가관인 부분은 솔루션 이후 몇 달 뒤 기습 점검을 하러 갔을 때다. 솔루션 받은 대로 운영하지 않고 사업주의 고집에 따라 엉망으로 운영하는 곳들도 꽤 발견됐다. 그 날것의 모습들이 고스란히 방송에 타기도 했고, 실제로 식당을 찾은 고객들의 후기를 통해 재조명되기도 했다.

여러 가지 이유로 회자가 된 방영분들은 프로그램을 챙겨 보지 않았어도 뉴스 혹은 각종 온라인 짤로 재생산되어 돌아다닌 터라 모르려야 모를 수 없는 상황이었다. 그럴 때마다 '아니, 저렇게 조언도 안 듣고 자기 마음대로 할 거면 왜 신청은 해서 다른 사람 기회까지 박탈한 거야?' 하는 욱하는 마음이 들 정도였다. 예능을 보면서까지 불편한 마음을 가지기 싫었기 때문에 더욱 챙겨 보지 않았던 것으로 기억한다.

이 프로그램을 통해 몇백 명의 식당 사장님들에게 전달한 백종원 대표의 솔루션의 핵심은 '음식에 대한 진심'이라고 생각한다. 총 200회의 에피소드를 다 보진 않았지만, 개인적으로 인상 깊은 최고의 레전드로 꼽은 회차는 단연코 '포방터 시장'이 아니었나 싶다. 이 회차가 가장 기억에 남는 가장 큰 이유는 역대급 빌런 같은 최악의 식당과 이 이후에도 다시 못 볼 것 같은 최고의 식당이 함께 등장했기 때문이다.

〈백종원의 골목식당〉을 보면서 꼭 가서 먹어보고 싶다는 생각이 드는 식당이 거의 없었는데, '포방터 시장'의 역대급 돈가스집 '연돈'은 꼭 가서 먹어보고 싶은 마음이 들었다. 이 작은 돈가스집 사장님은 그야말로 돈가스에 진심이었고, 그 진심을 재료와 레시피에 고스란히 담았다. 백종원 대표의 솔루션은 메뉴가 너무 많아 그 모든 메뉴를 준비하기에 사장님이 너무 힘드니 메뉴를 간소화하라는 것뿐이었다.

실제로 사장님은 이 솔루션을 따랐고 간소화된 메뉴로 인해 시간이 더 생기자 오히려 간소화된 그 메뉴 준비에 더욱 정성을 쏟았다. 본인이 힘들어야 손님이 맛있게 먹는다는 말을 하며 역대급 돈가스와 치즈가스를 만들었다.

프로그램 방영 후 당연하게도 이 식당에 가기 위해 포방터 시장을 찾는 손님들이 기하급수적으로 늘어났다. 돈가스집 사장 부부는 방송으로 인한 사랑이라 생각해 본인들의 이익도 포기한 채 오히려 더 많은 돈을 들여 대기실을 임대하기도 했다.

백방의 노력에도 불구하고 주위 상인들과의 거듭된 마찰을 이기지 못한 채 '연돈'은 포방터 시장을 떠나게 됐다. 백종원 대표는 이 사장님의 진심과 가치를 알아봤기 때문에 이 사업주가 불편한 마음 없이 마음껏 진심을 담은 식당을 운영할 수 있도록 도와주었다. 그래서 지금 '연돈'은 제주도의 명물이 되어 예약 없이는 이용할 수 없는 가게로 승승장구하고 있다.

이 사업주는 여전히 돈가스에 진심이고, 그 진심을 알아본 고객들은 포방터 시장에서부터 이 진심이 담긴 돈가스의 팬이 됐다. 비가 오나 눈이 오나 새벽부터 번호표를 뽑기 위해 기다리곤 했다. 제주도에 터를 잡은 후엔 이 돈가스를 먹기 위해 텐트까지 치며 밤새 노숙까지 하는 진풍경을 연출하기도 했을 정도다.

가끔 올라오는 후기를 검색해보면 이렇게 오래 기다려 먹었어도 또 기다려 가고 싶은 돈가스집이라는 평가가 주를 이룬다. '연돈'은 이 돈가스에 담은 진심으로 '찐 팬'을 만든 것이다. 밤샘 줄서기는 추억 속으로 사라졌지만 '연돈'의 돈가스를 먹기 위해 오늘도 예약 앱에서 예약 창이 열리길 기다리는 팬들이 많다. '연돈' 팬들의 예약 노하우를 암암리에 서로 공유하면서 말이다.

'진심은 통한다'라는 말이 있다. 사업주에게 있어서 진심은 과연 무엇일까? 식당을 운영하는 사람은 음식에 진심이고, 베이커리를 하는 사람은 빵이나 제과에 진심이다. 제품이나 서비스를 판매하는 사업주의 경우 그 제품이나 서비스에 진심이어야 한다. 이 말은 진심은 본질에 있다는 것이다.

사업주가 성공하는 마케팅을 하기 위해서는 내 비즈니스의 본질이 무엇이고, 그 본질에 내 진심을 담아 고객이 느낄 수 있을 정도로 표현해 보여줄 수 있는 것이 무엇인지 깊게 고민해야 한다. 그런 뒤 내 본질에 담은 진심을 꾸준히 표현하고 고객이 느낄 수 있을 때까지 유지해야 한다. 내 제품이나 서비스의 본질에 사업주의 진심이 담기면 고객은 결국 움직이기 때문이다.

사업주의 진심은 과연 무엇일까? 분명한 것은 '연돈' 사장님에게 진심은 단순히 매출이나 수익은 아니었다는 것이다. '본인이 만든 음식을 먹는 손님들이 그 음식으로 인해 행복을 느낄 수 있을 정도의 맛있는 음식을 대접하고 싶은 그 마음'이 바로 진심이었다. 그 진심을 본인이 만드는 요리에 흘러넘치도록 담았기 때문에 고객은 단순한 고객을 넘어서 찐 팬이 될 수 있었다.

이렇게 진심에 반응하고 움직인 찐 팬들 덕분에 매출은 자연스럽게 일어나게 된다. 요즘처럼 다양한 먹거리가 넘쳐나고 배달 시스템이 잘되어 있는 시기에도 이 찐 팬들은 고생을 자처하며 직접 줄을 서고, 한 번으로 끝이 아닌 단골이 되기 위해 예약 앱에 초집중한다. 또한 이 맛있는 음식을 먹고서 끝이 아니라 스스로 인증하며 널리 널리 알리고 있다. 진심은 그만큼 힘이 있고 이 진심을 통해 찐 팬이 된 고객은 이 브랜드의 무보수 영업사원이 된다.

실제로 '연돈'은 별다른 이벤트나 홍보성 마케팅 활동이 전혀 없다. 포방터 시장에 있을 때도 그랬고, 제주도에 큰 식당으로 자리를 잡고서도 마찬가지다. 그렇지만 온라인상 '연돈' 팬들의 이야기는 다르다. 앱을 이용한 예약 시스템이 없었던 시절에는 새벽부터 줄을 서 결국 그 돈가스를 먹을 때까지의 과정을 무용담처럼 본인의 인스타그램에 올렸다. 이렇게 힘들게 먹었지만, 또 기다려서 먹을 것이라는 리얼 후기들은 그 피드를 접하는 다른 사람에게도 도전의식을 불러일으켰다.

필자의 지인들도 성지순례처럼 제주도에 가면 '연돈'을 꼭 가고 싶은 식당으로 고르기도 하며, '연돈' 예약 성공하는 노하우 등의 콘텐츠를 심심치 않게 발견할 수 있다. 이 모든 것은 '연돈'의 사장님이 만들어낸 마케팅 활동이 아닌 '연돈'을 사랑하는 고객이자 찐 팬들이 스스로 만들고 소문낸 팬 활동인 것이다.

이처럼 스스로 브랜드를 사랑하고 소문내는 찐 팬을 만들어낸 것은 그 어떤 대단한 마케팅 활동이 아닌 사업주의 진심이라는 것을 결코 잊어서는 안 된다.

05

잘나가는 회사의 마케팅 메시지에서 배워라

'잘나가는 회사'라고 하면 어떤 회사가 떠오르는가? 매출이 계속 오르는 회사, 규모가 계속 성장하는 회사, 카테고리만 들어도 딱 떠오르는 회사 등 저마다 다양한 기준으로 잘나가는 회사를 정의할 수 있다. 이 모든 기준을 아우르는 공통적인 특징을 한 문장으로 정리해보자면 '차별화된 메시지로 지속적인 성장을 하는 회사'라고 할 수 있다.

어느 회사든 회사가 처음 설립되는 '시작기'가 있다. 이 시기는 규모가 매우 작고 브랜딩이나 마케팅에 관심을 쏟기보다는 제품과 서비스에 집중하는 시기이기도 하다. 지금 우리가 소위 잘나가는 회사로 생각하는 회사들도 역시 그 시작기를 거치고 성장해왔다는 것은 그 누구도 부인할 수 없는 사실이다.

모두의 시작과 같이 작고 보잘것없는 회사가 지금의 잘나가는 회사가 되기까지는 많은 이유가 있을 테지만, 이 장에서는 마케팅 메시지에 관해서만 이야기해보고자 한다. 다양한 회사의 사례를 통해 내 회사 혹은 내 브랜드가 가지고 가야 할 마케팅 메시지는 어때야 하는지 함께 생각해보자.

다노 - 매일매일 당신이 더 나은 사람이 될 수 있다는 믿음을 심어주는 회사

"무작정 굶지 말고, 남들 시선도 신경 쓰지 말고,
나 자신을 위해 건강하고 지속 가능한 다이어트를 하자."

– 다노 창업자 이수지

전 세계 모든 여성의 공통된 고민은 날씬한 몸매를 위한 다이어트라는 것에 대해서는 이견이 없을 것이다. 결코, 영원히 해결할 수 없는 인류 최고의 난제이자 여전히 모두에게 다짐과 실패의 벗어날 수 없는 굴레를 선사하는 것이 바로 이 다이어트다.

2010년 그 누구보다 다이어트가 절실하던 한 여성이 있었다. 미국에서 유학하던 중 기름진 음식과 불규칙한 생활 탓에 20kg이나 쪘다. 미국에서 1년 동안 급하게 찐 살 때문에 한국에 돌아온 후 만나는 지인마다 "왜 이렇게 살쪘냐?"라는 말을 계속했고, 이로 인한

스트레스도 극에 달했다.

그때부터 극단적으로 먹는 양을 줄인 다이어트를 시작했다. 몸무게가 49kg까지 빠졌지만 안 먹고 살을 뺀 터라 건강은 극단적으로 나빠졌다. 3개월 동안 생리도 끊겼고 혈색도 눈에 띄게 나빠졌다. 이렇게 극단적으로 살을 빼 본 사람들은 공감하겠지만 이쯤 되면 음식이 '괴물'처럼 느껴지게 된다. 먹고 토하고 못 참으면 폭식하는 최악의 식습관을 경험했다. 이 악순환의 고리를 끊고 싶어 건강한 식습관에 관한 공부를 위해 책과 논문을 파고들었다.

극단적인 절식을 멈추고, 먹고 싶은 음식을 마음껏 먹을 수 있는 저염 및 건강한 레시피를 찾기 시작했고 마음가짐도 바꿨다. 결국 다이어트를 남에게 잘 보이고 싶어서 하는 것이 아니라 내가 원하는 일을 더 잘할 수 있는 컨디션을 만들고 내 몸을 더 사랑하는 데 초점을 맞췄다.

같은 경험을 힘들게 하고 있는 이른바 실패한 다이어트를 억지로 하는 사람들에게 본인이 직접 겪은 경험과 공부한 것을 바탕으로 잘못된 다이어트 상식을 고쳐주고, 올바른 습관을 만들어주고 싶었다. 남을 위한 것이 아닌 나를 사랑하기 위한 다이어트를 다른 사람들과 나누고자 했다. 이 여성이 바로 다노샵과 다노핏으로 자신만의 건강한 삶의 태도로 살라고 전하는 다노의 창업자다.

많은 사람은 이야기한다. 사람들이 다이어트에 실패하는 가장

큰 이유는 의지박약이라고 말이다. '다노'는 이 근본적인 사람들의
편견에 질문을 던졌다. "정말 단순히 의지박약 때문인가? 익숙하지
않은 행동을 반복하고, 이를 습관으로 만든다면, 우리는 반드시 더
나은 사람이 될 수 있습니다"라는 메시지를 꾸준하게 이야기한다.

다이어트라는 것은 단순히 의지가 강한 사람들만의 혹독한 다짐
과 실행으로 목표한 몸무게를 빼는 것이 아니다. 적절한 환경과 소
소한 성취감을 통한 건강한 습관을 만들어 더 나은 나를 발견해 가
는 즐겁고 행복한 여정이어야 한다. 마음속으로는 모두가 이런 건
강한 식습관을 통해 지속 가능한 다이어트를 원했을 것이다. 그럼
에도 사회의 시선과 극단적인 잣대로 원치 않는 어쩌면 폭력적인
다이어트에 젖어 있었을지도 모른다.

지금도 그렇지만 다이어트 시장은 단기적이고 자극적인 마케팅
으로 공격적인 형태의 다이어트 약이나 보조제가 넓고 깊숙이 퍼져
있다. 이런 극강의 포화 시장에 저염, 저당, 저자극 원칙을 내세운
식품과 매일의 습관 교정을 위한 온라인 PT 서비스를 출시했을 때
주위에선 모두 망할 것이라고 했다.

그도 그럴 것이 다이어트 원칙이라는 것은 언제나 식이요법과
적당한 운동임을 모르는 사람은 아무도 없다. 다이어트 시장이 여
전히 핫한 이유는 그 원칙을 지키는 삶이 무엇보다 혹독하고 어렵
다는 것 또한 우리 모두 알고 있기 때문이다. 그 원칙을 개인의 의

지로 지키기 어렵기 때문에 각종 보조제와 약이 넘쳐난다. 또한 거금을 들여 강제로 운동하러 갈 수밖에 없는 비싼 헬스장 PT권을 끊기도 한다.

하지만 다이어트를 원하는 모든 사람의 마음은 비슷하다. 원칙을 지키며 맛있지만, 다이어트에 도움이 되는 어렵지 않은 식이요법과 너무 힘들진 않지만, 효과적인 운동으로 건강한 몸을 가지고 싶은 근본적인 욕구 말이다.

'다노'의 창업자는 이 부분에 대한 실질적인 경험과 공부를 토대로 건강한 다이어트를 파고들어 메시지로 만들었고, 그 브랜드 메시지를 바탕으로 수익화 모델을 만들어냈다. 어쩌면 모두가 힘들었던 코로나 시기에 더욱 크게 성장한 기업 중 하나도 바로 이 '다노'일 것이다.

'누가 온라인으로 PT를 받아?' 하던 시기에 '다노'는 이미 온라인 PT 시스템을 론칭시켜 놓았다. 아무도 예상하지 못한 코로나19로 인해 오프라인에서 운동에 제약이 생기고 때아닌 홈트레이닝 바람이 크게 불었다. '다노'는 이미 준비되어 있었다. 요란하지 않게 그들이 처음부터 주장하던 메시지대로 건강한 식단과 운동 습관으로 '습관성형'이라는 신조어를 정착시켰다.

그 결과 창업 후 10년이 된 지금 150만 명이 넘는 고객이 '다노'

를 통해 건강한 습관을 만들고 있다. '다노'의 창업자는 이 단계에서 더 나아가 한 사람의 생애주기를 중심으로 '몸이 바뀌는 시기마다 나의 건강을 챙겨주는 인생의 동반자'로 '다노'를 키우고 싶다는 포부를 가지고 있다.

소위 잘나가는 회사들의 마케팅 메시지는 고객이 명확하고 메시지가 단순하다는 공통점이 있다. '다노'의 이야기에서도 알 수 있듯 이 '다노'의 타깃 고객은 그동안 '의지박약으로 인한 실패'라는 편견에 갇힌 힘든 다이어트의 굴레에서 벗어나고 싶지만, 그럼에도 다이어트를 놓을 수 없는 사람들이다. 그 사람은 다른 누구도 아닌 창업자 본인이었고, 본인을 위한 딱 본인 같은 사람을 위해 만든 브랜드다.

그런 사람들에게 매일매일 더 나은 삶을 살아갈 수 있도록 믿음을 심어주고 소소한 성취감을 통해 나 자신을 더욱 사랑할 수 있도록 한다. 결국에는 이 메시지 역시 사람의 내면 깊이 자리 잡고 있는 나 자신에 대한 사랑이라는 본능적인 욕구와 생존을 다루는 메시지다. 그러면서도 메시지 자체가 굉장히 명확하고 단순하다.

이렇듯 한 회사의 기본 마케팅 메시지는 탄탄한 스토리로 고객의 공감을 이끌어내야 한다. 공통으로 가지고 있는 본능에 충실한 목표를 설정해주는 메시지가 필요하다. 이 메시지는 마치 큰 나무의 씨앗과도 같아서 단단하고 알찬 씨앗일수록 향후 비즈니스가 성장하고, 확장함에서도 지속 가능한 서브 메시지의 가지로 뻗어 나갈 수 있게 된다.

씨앗이 가진 메시지가 명확해야 거기에서 나오는 가지들이 씨앗과 맥락을 함께하면서도 잎이 풍성하고 건강하게 자랄 수 있다는 것을 강조하고 싶다.

잘나가는 회사의 메시지를 다시 한번 살펴보자. 단순히 메시지 한 줄만을 보지 말고 그 메시지가 어떻게 나오게 됐는지 그 스토리에 관심을 가지고, 그 스토리에서 이 메시지가 어떻게 나오게 됐는지 역추적해보자. 그리고 내 비즈니스를 적용해보자.

단순히 잘나가는 회사의 메시지를 카피하기보단 그 내면의 스토리가 내 비즈니스에 대한 해답을 줄 것이다.

06

처음부터 완벽한 마케팅은 없다

　지난겨울, 인스타그램 DM을 하나 받았다. 보통 지인에게서 오는 DM이 아닌 경우엔 컨설팅이나 강의 문의거나 스팸인 경우가 반반이다. 스팸 냄새가 나는 인사로 시작한 DM이었지만 쉬지도 않고 4~5개의 메시지를 보낸 터라 클릭을 해봤다. 보낸 이는 자의 또는 타의로 학교를 떠나 밖으로 나온 아이들로 구성된 친목 동호회 기관의 동아리 회장이었다. 본인과 비슷한 처지에 놓인 친구들과 함께 동아리를 하고 있는데, 아직 모르고 있는 친구들에게 알리고 싶어 홍보문구 작성에 관한 도움을 요청하는 메시지였다.

　그냥 지나칠 수도 있었지만, 이 친구가 얼마나 절실하면 메시지를 보냈을까 싶었다. 도움을 주기 위해 진행 중인 프로젝트에 관해 물어봤다. 학교를 이미 떠났거나 떠나고 싶어 고민하는 친구들이 함께 모여 소통하는 모임을 만들어나가고 싶은 취지의 동아리 홍보 문구에 대한 문의였다.

'자퇴하고 친구 없을까 봐 걱정돼?'

이 친구가 처음 쓴 카피였다. 뜻은 확 와닿았지만, 너무 직관적이고 어쩌면 공격적인 느낌이 드는 메시지였다. 역지사지의 입장으로 '내가 비슷한 처지에 놓인 학생이라면?'이라는 생각이 들었고, 그렇다면 왠지 부정적인 느낌을 주는 자퇴라는 단어를 쓰고 싶지 않을 것 같았다.

그래서 역으로 물어봤다. 자퇴라는 단어가 반드시 들어가야 하는 단어인지와 프로젝트의 취지가 학교가 아니더라도 친구가 있다는 것 같은데 맞는지 말이다. 이 프로젝트의 목적은 자퇴가 아닌 친구에 있다고 느꼈기 때문이다. "그렇다"라는 대답을 듣고 프로젝트의 목적에 맞게 따뜻하면서도 보듬어줄 수 있는 방향으로 생각을 틀었다.

'학교 안에서만? 학교가 아니라도 괜찮아!'

발음과 뜻이 한 끗 차이로 달라지는 한글의 매력을 십분 활용하면서도 포근하고 따스한 감성을 전달할 수 있는 메시지를 고민해 뽑아냈다. 이 메시지는 인스타그램 카드뉴스나 포스터 이미지의 카피로 활용할 수 있으니 시안을 만들 때 '안'과 '아니라도'에 포인트를 주고 디자인을 한다면 더 의미전달이 잘 이뤄질 수 있을 것이다.

이처럼 브랜드 메시지를 뽑아내려고 할 때 너무 직관적이면 오히려 약간의 거부감이 들 수도 있다. 전체적인 브랜드의 방향성과 목적을 최우선으로 생각하고 향후 확장과 빌드업이 가능한 형태의 메시지를 브랜딩 초기 단계에 시도하는 것이 좋다.

브랜딩을 고민하면서 처음 세운 방향성이 끝까지 100% 옳은 정답이 아닐 수 있다. 브랜딩이라는 것은 완전무결하게 영원토록 불변하는 것이 아니다. 시간을 두고 거듭된 실행을 통해 수차례 혹은 수십 차례의 시행착오와 실패, 작은 성공들을 바탕으로 수정에 수정을 거듭하게 된다.

이 과정들 하나하나가 모여 미처 처음에 생각하지 못했던 가치를 새삼스럽게 발견하고 그 가치를 찾아가는 과정이 브랜드 스토리에 포함되기도 한다. 이러한 과정들은 분명히 필요한 과정이고 이 과정들이 결국에는 단단하고 굳건한 브랜드 메시지로 탄생하게 되기 때문이다.

시대가 변하면서 브랜딩에 대한 중요도와 개념도 함께 변하고 있다. 대한민국 마케팅 업계의 리더이자 스톤 브랜드 커뮤니케이션즈의 박상훈 대표는 "전통적인 브랜딩보다 화두가 더 중요하다!"라고 말한다.

전 세계적으로 인터넷 URL은 2015년 9억 개였지만 1년 만에 17

억 개로 늘었고 여전히 17억 개를 유지하고 있다. 이는 단순히 숫자가 올랐다는 것이 중요한 것이 아니다. 우리가 살아가는 실세계관이 아날로그에서 디지털 세계로 급변하는 순간을 맞이해 직면하고 있다는 것 자체에 큰 의미가 있는 것이다.

고객이나 소비자의 구매를 위한 제품 혹은 서비스의 판매를 중점으로 했던 브랜딩에서 마케터나 사업주가 본인의 미디어와 콘텐츠 등을 통해 전달한 제품 또는 콘텐츠 자체를 소비하는 콘텐츠 중심의 브랜딩으로 방향성이 바뀌게 됐다. 디지털 사회의 변화는 이전의 아날로그 시대와는 비교가 안 될 정도로 빠르게 변하고 있다.

세계적인 명품 자동차 브랜드 포르쉐의 디자인 철학은 '바꿔라, 그러면서 바꾸지 마라(Change it, but do not change it)'다. 디자인적으로 필요한 지속적인 변화는 하되 핵심이 되는 프로토타입은 바꾸지 않는다. 즉, 늘 시대의 흐름과 고객의 니즈에 맞춰 새로움을 추구하면서도 '포르쉐다움'이라는 브랜드의 핵심 가치이자 정체성은 유지한다는 의미다.

이처럼 브랜드 마케팅은 정지된 것이 아니다. 전 세계적으로 역사가 오래된 전통적인 글로벌 브랜드도 변화하는 환경과 고객의 니즈에 맞춰 메시지를 단장하고 다듬고 있다. 이는 기존의 메시지가 잘못됐거나 옳지 않아서가 아니다. 브랜드의 씨앗이 되는 핵심 가치와 방향성은 처음과 같을 수 있지만, 그 표현방법은 변화하는 시대와 환경에 따라 충분히 달라질 수 있고 달라져야 한다.

브랜딩과 마케팅에 관한 이야기를 많은 사업주와 하다 보면 컨설팅 끝에 가장 많이 나오는 이야기는 "잘 알겠는데 어렵네요"라는 이야기다. 내 비즈니스에 대해 내 제품, 내 서비스에 대해 가장 잘 알고 있는 사람은 그 누구도 아닌 사업주 본인이다. 뽑아내야 할 핵심 가치를 이미 가지고 있는데 왜 어렵다고 느끼는 것일까?

그 주된 이유는 처음부터 완벽한 브랜딩과 마케팅을 하고 싶기 때문이다. 일단 사업주는 고객에게 하고 싶은 말이 많다. 전달하고 싶은 메시지가 너무 많아서 한 문장으로 뽑아내는 데 어려움을 겪게 되는 것이다. 수많은 메시지 중에서 상대적으로 덜 중요한 부분을 덜어내고, 더 중요한 메시지는 고객이 이해하기 쉬운 언어로 정리해 한 문장으로 전달하는 것은 결코 쉬운 작업이 아니다.

그렇기 때문에 모든 메시지를 한 번에 다 전달하기보다 가장 중요한 것을 가장 먼저 전달하는 방향성을 취해야 한다. 이 메시지가 다행히 내 고객에게 통할 수도 있고 안타깝게도 통하지 않을 수도 있다. 메시지가 통한다면 그 브랜딩 메시지를 중심으로 플랫폼과 사업의 성장 시기에 따라 다양한 메시지로 확장이 가능할 것이다.

그러나 첫 브랜딩 메시지가 전혀 내 고객에게 통하지 않는다면 어떻게 해야 할까? 그런데도 계속 그 메시지를 고수해야 할까? 내 브랜드 메시지는 사업주의 고유한 가치관과 철학이 담긴 코어이자 핵심 메시지다. 따라서 기본적으로 핵심 메시지는 유지해야 한다. 세계적인 브랜드의 유일한 공통점 역시 한번 정한 브랜드의 콘셉트는 계속 유지하며 끌고 나간다는 것이다.

달라져야 할 것은 그 메시지를 전달하는 방식과 형식이다. 다시 말하자면 기본 브랜딩 콘셉트는 유지하되 그 표현방법까지 동일하게 유지하지 말라는 것이다. 사업주가 가지고 있는 브랜드의 핵심 가치나 철학은 유지하되 이를 표현하는 방법, 즉 콘텐츠의 형태는 고객들이 지루하지 않고 잘 이해할 수 있도록 적절한 변화가 필요하다. 어쩌면 이 모습이 완벽해 보이지 않을 수 있다.

브랜드 메시지를 만들어 전달하는 목적이 무엇인지 다시 한번 잘 생각해보자. 결국에는 내 브랜드가 가진 핵심 가치와 철학에 공감하고 기꺼이 내 제품이나 서비스를 구매하는 고객을 만들고자 함이다. 그런데 내가 전하는 메시지가 메시지를 전하는 방법이나 형태 때문에 고객에게 제대로 전달이 되지 않는다면 그래도 계속 고집을 피울 것인가?

처음부터 완벽한 브랜딩이나 마케팅은 없다. 모두를 만족시키는 브랜드라는 것도 없다. 어느 시기에는 대박이 날 정도로 통했던 것이 어느 순간에는 전혀 통하지 않는 이상한 경험도 하게 될 것이다.

이는 아주 자연스러운 현상이다. 그럴 때마다 당부하고 싶은 것은 핵심 브랜딩 메시지를 바꾸기 위한 고민을 하지 말라는 것이다.

공교롭게도 그런 시점에 사업주의 가치관 혹은 철학이 마침 변해 기존 메시지와 전혀 달라진 비전을 가지게 됐다면 이야기가 달라질 수 있다. 그러나 그것이 아니라면 핵심 브랜딩 가치는 말 그대로 핵심이자 내 브랜드의 씨앗이므로 고집스럽게 유지하자. 오랜 전통을 가진 유명브랜드가 지금까지 유명세를 유지하고 더 성장할 수 있었던 이유는 꾸준히 지켜온 브랜딩 콘셉트가 그 브랜드의 영혼이 되어 다양한 제품과 여러 경영활동의 곳곳에 배어 있어 어느 시기 어느 세대에게도 통했기 때문이다.

브랜딩은 처음부터 완벽할 수 없고 완벽할 필요도 없다. 사업주가 끝까지 추구하고자 하는 자기다움을 간직한 고유의 메시지를 가지고 있다면, 그 메시지를 내 고객에게 어떻게 전달할 것인지 전달 방식과 표현법을 고민해보자. 그러면 내 비즈니스의 브랜딩과 마케팅이 조금 더 쉬워질 것이다.

모든 비즈니스는 마케팅이다

제1판 1쇄 2022년 4월 22일
제1판 2쇄 2022년 7월 15일

지은이 김선율
펴낸이 서정희 **펴낸곳** 매경출판(주)
기획제작 ㈜두드림미디어
책임편집 이수미, 배성분 **디자인** 얼앤똘비악earl_tolbiac@naver.com
마케팅 김익겸, 장하라

매경출판㈜
등록 2003년 4월 24일(No. 2-3759)
주소 (04557) 서울시 중구 충무로 2(필동1가) 매일경제 별관 2층 매경출판㈜
홈페이지 www.mkbook.co.kr
전화 02)333-3577
이메일 dodreamedia@naver.com(원고 투고 및 출판 관련 문의)
인쇄·제본 ㈜M-print 031)8071-0961
ISBN 979-11-6484-393-0 (03320)